Hanne Kaufmann

Die Nacht am Øresund

Ein jüdisches Schicksal

Bleicher Verlag

Die Deutsche Bibliothek – CIP-Einheitsaufnahme
Kaufmann, Hanne:
Die Nacht am Øresund : ein jüdisches Schicksal /
Hanne Kaufmann – 1. Auflage – Gerlingen: Bleicher, 1994
ISBN 3-88350-032-1

»Die Nacht am Øresund« erschien 1968 unter dem Titel
»Hvorfor er denne nat anderledes end alle andre naetter«
bei Brunner und Koch, Kopenhagen.
Übersetzung aus dem Dänischen von Norbert Lochner.

Herstellung: MZ-Verlagsdruckerei GmbH, Memmingen
Umschlaggestaltung: Buchgestaltung Reichert, Stuttgart
ISBN 3-88350-032-1

*V*ielleicht war alles ganz anders, als ich es in Erinnerung habe. Vielleicht habe ich es nur so erlebt, wie ich es erleben wollte. Vielleicht war weniger Selbstlosigkeit im Spiel und mehr Eigennutz. Vielleicht weniger Heldenmut und mehr Abenteuerlust. Vielleicht weniger Liebe als Rache.

Ich kann in dieser Sache nicht objektiv sein. Nur feststellen: Die Nacht vom 8. auf den 9. Oktober 1943 war für mich etwas besonderes, weil ich zum ersten Mal das Gute als Folge des Bösen erlebte.

Den Widerspruch: daß einige unseren Tod und andere unser Überleben wollten – das wurde meine erste bewußte Begegnung mit den unlösbaren Konflikten des Menschen.

Darum wurde diese Nacht anders als alle anderen Nächte, die ich bis dahin erlebt hatte.

HANNE KAUFMANN
15. APRIL 1968

Hanne Kaufmann, damals und heute

6

*D*er Nationalsozialismus beruhte auf einem primitiven Sozial-Darwinismus, demzufolge es Völker und Rassen gab, die wertvoller waren als andere; die besten würden überleben, alle anderen mußten sich dem »Herrenvolk« unterwerfen oder zugrunde gehen. Gemäß dieser Ideologie verkörperten die Juden das Böse, sie galten als Schädlinge und Schmarotzer. Menschliche Züge wurden ihnen weitgehend aberkannt. Seit Adolf Hitlers Machtergreifung 1933 nahm der Antisemitismus Schritt für Schritt schärfere Formen an: Juden wurden auf brutalste Weise unterdrückt, in geschlossene Ghettos deportiert und zur Zwangsarbeit herangezogen. 1941 begann mit dem Holocaust der systematische Völkermord an den Juden.

DIE SITUATION IN DÄNEMARK

Am 9. April 1940 überfiel Deutschland das neutrale Dänemark. Indem die dänische Seite auf militärischen Widerstand verzichtete, konnte die Regierung einen Sonderstatus aushandeln. Dänemark erhielt eine eigene Regierung, die zwar um enge Zusammenarbeit mit der Besatzungsmacht bemüht war, aber gleichzeitig erreichte, daß sich die Deutschen nur bedingt in innere Angelegenheiten des Landes einmischten. Das betraf auch die Juden in Dänemark.

In dem kleinen Land mit vier Millionen Einwohnern lebten zu der Zeit etwa 8000 Juden, wobei sich die Zahl der Flüchtlinge auf 1351 belief, 845 Männer, 458 Frauen und 48 Kinder, denen die deutsche Staatsbürgerschaft aberkannt worden war und die als Staatenlose dem dänischen Schutz unterstanden. Alle anderen besaßen die dänische Staatsangehörigkeit und waren völlig in das gesellschaftliche, politische und wirtschaftliche Leben Dänemarks integriert. 31 Juden waren im öffentlichen Dienst beschäftigt, größtenteils in untergeordneten Positionen. 35 Juden waren Rechtsanwälte, 21 Künstler, 14 Redakteure (keiner davon Chefredakteur). 345 Juden waren Geschäftsleute, doch auch in der Wirtschaft war der jüdische Einfluß unbedeutend.

Von Anfang an wurde den Deutschen unmißverständlich klargemacht, daß man in Dänemark keine Judenverfolgung dulden würde. Gleichwohl wollten die deutschen Bürokraten nicht untätig zusehen, wie sich 8000 Juden in einem von Deutschland beherrschten Land frei bewegen.

Im Herbst 1942 änderte Hitler seine Politik und ließ gemäßigte deutsche Führungskräfte durch energischere ersetzen. Gesandter und Bevollmächtigter in Dänemark wurde Dr. Werner Best, ranghoher SS- und Polizeiführer, der damit den Höhepunkt seiner Laufbahn erreichte. Best empfahl die systematische Eliminierung der Juden aus dem öffentlichen Leben, aus dem Geschäftsleben sowie die Inhaftierung einzelner Juden wegen politischer und krimineller Umtriebe.

Das Jahr 1943 brachte eine Zuspitzung der allgemeinen Lage. Die Wahl im März hatte einen Volksaufstand zur Folge. Die dänische Kooperationsregierung trat zurück. Deutsche Truppen besetzten das königliche Schloß. Die königliche Familie wurde zu Gefangenen im eigenen Land. Es kam zu Massendemonstrationen und Zusammenstößen mit deutschen Soldaten. Widerstandsgruppen behinderten die Besatzer, Sabotageakte waren an der Tagesordnung.

Im August wurde Best nach Berlin bestellt, um Hitler persönlich Rechenschaft abzulegen. Unmittelbar nach seiner Rückkehr wurde in Dänemark der Ausnahmezustand verhängt, die dänische Armee aufgelöst und die Regierung dankte ab. Am 8. September empfahl Best, den Ausnahmezustand für die Deportation der Juden zu nutzen. Einen Tag später war er Diktator von Dänemark. In dem Moment waren die Juden in Dänemark wirklich in Gefahr.

Der Legende nach soll der dänische König Christian X. als einer der ersten den Judenstern getragen haben. Besorgt um das Wohlergehen der Juden im Land schrieb er an den Reichsbevollmächtigten Werner Best unter anderem: »Es ist mir eine Pflicht der menschlichen Umsorge meiner Landsleute wegen und auch des späteren Verhältnisses zwischen Dänemark und Deutschland, hervorzuheben, daß eine spezielle Behandlung einer bestimmten Gruppe Menschen, welche über 100 Jahre die volle bürgerliche Gleichberechtigung in Dänemark genießen konnten, ernste Folgen mit sich bringen können.« [1]

Am 18. September befahl Hitler die Deportation der dänischen Juden. Am 28. September war Best entschlossen, die Deportationen in einer einzigen Nacht abzuwickeln: in der Nacht vom 1. auf den 2. Oktober 1943.

GEORG FERDINAND VON DUCKWITZ

Am selben Tag erfuhr Georg Ferdinand Duckwitz, der eng mit Werner Best zusammenarbeitete, von den Deportationsplänen. Duckwitz, Schiffahrtsattaché an der Gesandtschaft in Kopenhagen, hatte Verbindung zum dänischen Widerstand und zu den Sozialdemokraten. Er beschloß, das Gehörte seinem dänischen Bekannten Hans Hedtoft, dem späteren dänischen Ministerpräsidenten zu verraten.

Hans Hedtoft erinnert sich an die Begegnung mit Georg

Ferdinand von Duckwitz: »Ende September 1943, als die nervöse Spannung allenthalben zunahm, teilte mir Duckwitz mit, daß sich der bisherige Zustand leider nicht halten lassen würde, und am 28. September suchte er mich während einer Sitzung im Alten Arbeiterversammlungsgebäude in der Roemersgaade 22 auf. ›Das Unheil ist nun da‹, sagte er. ›Alles ist bis auf das kleinste Detail geplant. Im Hafen von Kopenhagen werden Schiffe vor Anker gehen, auf die Ihre unglückseligen jüdischen Landsleute von der Gestapo gebracht werden sollen, um einem unbekannten Deportationsschicksal entgegenzusehen‹. Er war kreideweiß vor Empörung und Scham.« [2]

Duckwitz bat Hedtoft, die Nachricht an die jüdische Gemeinde weiterzuleiten, während er selbst nach Stockholm reiste, um beim schwedischen Premierminister Hilfe zu erwirken.

Hedtoft informierte umgehend den Vorsitzenden der jüdischen Gemeinde, den Anwalt C. B. Henriques, der ihm zunächst keinen Glauben schenken wollte. »Sie lügen«, war das einzige, was er hervorbrachte. Schließlich ließ er sich von der drohenden Gefahr überzeugen. Am nächsten Tag – es war Rosh-Hashana, die Synagogen voll – wurden die anwesenden Juden von der bevorstehenden Razzia unterrichtet. Wie ein Lauffeuer verbreitete sich die Nachricht.

Als die Gestapo in der Nacht des 1. Oktober an den Wohnungstüren klopfte, waren die meisten bereits untergetaucht. Um die Aktion zu vereiteln, hatte sich die ganze Bevölkerung – angeführt von der Widerstandsbewegung und mit Hilfe der dänischen Kirche – zusammengeschlossen und fast alle Juden versteckt. Etwa 400 fielen dennoch den Nazis in die Hände. Sie wurden nach Theresienstadt verschickt. Infolge der Intervention der dänischen Regierung und des Internationalen Roten Kreuzes konnten die meisten von ihnen jedoch vor dem Tod bewahrt werden.

Alle anderen verließen ihre Wohnungen und versteckten sich bei Freunden, Bekannten und bei wildfremden Bürgern. Sie flohen zu Fuß, mit dem Auto, mit dem Zug und mit dem Taxi. Geschäftsleute, Ärzte, Angestellte, Hausfrauen, Studenten, Bauern und Fischer taten sich zusammen, um die Pläne der Deutschen in einer nächtlichen Aktion zu vereiteln. Fast die ganze, nahezu 6000 Mitglieder zählende jüdische Gemeinde hielt sich in Kopenhagen und Umgebung versteckt. Mit Hilfe der dänischen Bevölkerung konnten die meisten im Laufe von zehn Tagen auf Kähnen, Fischkuttern und Ruderbooten über den Öresund nach Schweden gebracht werden. Dort, so die Zusicherung der schwedischen Behörden, sollte den Flüchtlingen Asyl gewährt werden.

AUGENZEUGEN BERICHTEN

Herbert Pundik, damals 16 Jahre alt, erinnert sich an den 29. September 1943, einen Mittwoch: »Ich saß im Unterricht in Kopenhagen, im dritten Jahr der deutschen Besatzung. Unser Direktor betrat das Klassenzimmer mit strahlendem Gesicht. Er wies auf mich und ein paar Mitschüler: ›Kommt mal bitte mit!‹ Dann blickte er in die Runde: ›Sonst noch jemand jüdischer Abstammung?‹ Unser Lehrer nickte. ›Kommt‹, sprach der Direktor, ›wir müssen uns beeilen‹. Draußen im Flur sagte er wir sollten schleunigst nach Hause zurückkehren. Er sei gewarnt worden, daß die deutsche Polizei plane, alle jüdischen Dänen zu verhaften und zu deportieren. Uns fuhr der Schreck in die Glieder.« [3]

So einzigartig jedes Schicksal war, die Erinnerungen der damals Betroffenen ähneln einander und ergeben schließlich ein lückenloses Bild von den Ereignissen in den ersten Oktobertagen des Jahres 1943. So wie Herbert Pundik erging es Walter A. Berendsohn, Nathan Königshöfer, Hanne Kaufmann und vielen anderen.

Auch Hanne Kaufmann drückte gerade die Schulbank, als sie von ihrem Freund nach draußen gerufen wurde: »›Komm schnell‹, sagte Hans Walther zu mir. Ich stand auf. Ich wußte schon, was er wollte. Ich konnte das an seinem Gesichtsausdruck und seinen Bewegungen sehen. ›Am Langelinje-Kai liegen Deportationssschiffe‹, sagte er leise, als wir im Gang vor dem Klassenzimmer standen. ›Es ist nur eine Frage von Stunden. Ihr müßt sehen, daß ihr wegkommt‹«.

Noch einmal Herbert Pundik: » Meine eigene Flucht und die meiner Familie war typisch für die turbulenten Zeiten. Erst sind wir mit dem Taxi zu einem Freund in den Vororten gefahren. Am nächsten Tag verließen wir unsere Freunde, um sie nicht in Gefahr zu bringen. Es ging, erneut mit dem Taxi, zu unserer üblichen Ferienadresse, bei einem Fischer in einem Dörfchen südlich von Elsinor. Der erste Versuch, den Sund zu überqueren, schlug fehl. Verzweiflung machte sich breit. Ein Freund fand uns schließlich im Haus des Fischers; er war 20 Kilometer weit die Küste entlanggewandert, hatte an jeder Tür geklopft und nach uns gefragt. Ein Krankenwagen brachte uns zu dessen Villa nördlich von Elsinor. Krankenwagen haben in diesem Drama eine wichtige Rolle gespielt, weil sie die Erlaubnis der Deutschen hatten, auch in den Sperrstunden zu fahren. Schließlich ist das Boot da. Wir stürmen über die Küstenstraße, gleich hinter dem Rücken einer deutschen Patrouille. Wir gehen an Bord und verlassen die Küste. Meine letzte Erinnerung ist das Bild von unseren vier Rettern, die im Sand knien, ihre Hände im Gebet zum Himmel gereckt, um göttlichen Schutz bittend – für uns.« [4]

Leif Rosenstock, damals 17 Jahre alt, berichtet, wie es ihm und seiner Familie ergangen ist, bevor sie auf Umwegen mit einem Fischerboot nach Schweden gebracht werden konnten: »Wir wurden zu einer Villa gebracht, wo wir warten mußten, bis es dunkel war. Dann kamen wir in ein anderes Haus, das als Sammelstelle diente. Wir bekamen Nerven- und Schlaftabletten, aber ich konnte nicht schlafen. Endlich kam ein Polizist und gab das Zeichen zum Aufbruch. Wir fuhren zu einem kleinen Hafen, 20 bis 30 Menschen, davon einige Kinder. Einer nach dem anderen gingen wir langsam zu einem Geräteschuppen. Die Tür wurde abgeschlossen. Da standen wir in völliger Dunkelheit und wußten nicht, wann die Tür wieder aufgehen und wer sie öffnen würde. Ein Kind begann zu weinen. Jemand sagte: ›Erwürgt das Ding.‹ Einen Augenblick drohte Panik, aber dann schwieg das Kleine. Endlich ging die Tür auf, und ein freundlicher Mann sagte uns, wir sollten einzeln ganz ruhig zu einem Boot gehen, das am Kai lag. Wir hatten nichts mit außer dem, was wir anhatten, und wir hatten für die Fahrt nichts gezahlt. Das hatte eine dänische Frauenhilfsgruppe für uns getan. Das Schiff war ein kleines Fischerboot, wir legten uns in den Laderaum. Über uns wurde eine Plane gelegt, und wir lagen so eng, daß wir auf der Seite liegen mußten, ohne uns umdrehen zu können. Von der Plane tropfte das Wasser. Es lief in mein Ohr, doch ich konnte den Kopf nicht bewegen.« [5]

ALLE IN EINEM BOOT...

Fischer riskierten ihr Leben, um jüdische Flüchtlinge über den Øresund nach Schweden zu bringen. Die meisten ließen sich ihr Risiko gut bezahlen. Mancher bereicherte sich am Elend der Flüchtlinge. Viele konnten das Geld für die Überfahrt nicht aufbringen. Immerhin kostete sie zwischen Tausend und Zehntausend dänischen Kronen pro Person, was bei mehreren Familienmitgliedern leicht das Jahreseinkommen eines Durchschnittsverdieners übersteigen konnte. Manch einer erfuhr aber auch spontane finanzielle Unterstützung von völlig Unbekannten. Der Holzhändler Johannes Fog spendete z.B. innerhalb von zehn Tagen insgesamt rund 150.000 Kronen für die Rettungsaktion. [6]

Der Fischer Börge Laursen, der die Strecke über den Øresund mehrmals zurücklegte, berichtet, daß er ein Angebot erhalten hatte, einen Juden für 35.000 Kronen nach Schweden zu überführen. »Ich wollte sofort ablegen, aber mein Partner wollte erst am nächsten Tag. Deshalb mußte der Passagier auf einem Abstellboden unterkriechen. Im Lauf der Nacht war er jedoch nach Hause gegangen, offensichtlich, um noch ein paar Wertsachen mitzunehmen. Er wurde von den Deutschen festgenommen. – Am gleichen Tag kamen drei junge Leute zum Hafen, zwei Männer und ein unwahrscheinlich hübsches Mädchen. Es waren Studenten. Der eine junge Mann war furchtbar nervös und zittrig, der andere und das Mädchen ließen sich jedoch nichts anmerken. Mein Kollege und ich verhandelten mit ihnen. Ich erzählte ihnen, daß mir gerade 35.000 Kronen durch die Lappen gegangen waren, aber wie die Dinge lagen, müßte es sich auch etwas billiger machen lassen. Wir einigten uns auf 2000 Kronen pro Kopf, der Kollege bat sich jedoch aus, daß seine Frau 15.000 Kronen erhalten sollte, falls er erwischt und ihm das Boot weggenommen würde. Darauf willigten sie ein.« [7]

Henny Sundo Sinding, damals eine junge Frau von zwanzig Jahren, überzeugte ihren Vater davon, daß er auf seinen täglichen Versorgungs-Touren zu den Leuchttürmen an der dänischen Küste kleine Abstecher machen sollte, um Juden mit seinem Schiff die Flucht nach Schweden zu ermöglichen. »Natürlich war es gefährlich«, erinnert sie sich fünfzig Jahre später, »aber wir konnten doch nicht einfach nichts tun, wo wir doch wußten, daß die Juden in Gefahr waren. Und wir konnten sie vor der Vernichtung retten, weil wir das Boot zu unserer Verfügung hatten. Jeden Morgen um sieben ging die Gerda III auf ihre Versorgungsfahrt zu den Leuchttürmen entlang der Küste. Und jede Nacht konnten wir an die 15 Juden vom Lagerhaus aufs Schiff bringen. Offensichtlich haben die deutschen Wachen nichts bemerkt. Oder sie hatten beschlossen, sich nicht einzumischen. Auf jeden Fall funktionierte diese Fluchtroute mehrere Monate lang – bis ich sie schließlich selber benutzen mußte, weil der Boden unter meinen Füßen zu heiß geworden war.« [8]

»WARUM IST DIESE NACHT ANDERS ALS ALLE ANDEREN NÄCHTE?«

Hanne Kaufmann, am 27. Dezember 1926 in Frankfurt am Main geboren, war das jüngste Familienmitglied, eine Stunde jünger als ihr Zwillingsbruder. Daher war sie es, die am ersten Abend des Pessach-Festes die rituellen Fragen an den Familienältesten stellen durfte, deren erste lautete: Warum ist diese Nacht anders als alle anderen Nächte? Später sollte Hanne die Frage auf die Nacht vom 8. auf den 9. Oktober 1943 beziehen, jene Nacht, in der sie, die seit zehn Jahren mit ihrer Familie unbehelligt in Dänemark gelebt hatte, an Bord eines Fischkutters klettern mußte, um auf verschlungenen Wegen das rettende schwedische Ufer zu erreichen.

Ihre Erinnerungen an jene Nacht am Ende einer tagelangen Flucht, die ihr Leben veränderte, erschienen 1968 als Dank an die dänische Bevölkerung unter dem Original-Titel »Hvorfor er denne nat anderledes end alle andre naetter«. Auf Deutsch kursierte bisher bloß ein Privatdruck in einer Auflage von 100 Exemplaren. 50 Jahre nach den darin geschilderten Ereignissen soll dieses Buch als Mahnmal dienen.

JENS DITTMAR

ANMERKUNGEN

[1] Zitiert nach Nathan Königshöfer, *Bei einigen stand das Geschirr noch auf dem Tisch ... Zur Rettung der dänischen Juden vor 50 Jahren.* In: *Jüdische Rundschau*, 28.10.1993.

[2] Hans Hedtoft in: Aage Bertelsen, *Oktober 43. Ereignisse und Erlebnisse während der Judenverfolgung in Dänemark*. München 1960. S. 13.

[3] Herbert Pundik, *Stiller Volksaufstand gegen den Holocaust*. In: *Süddeutsche Zeitung*, 2./3.10. 1993.

[4] Herbert Pundik, a.a.O.

[5] Zitiert nach Hannes Gamillscheg, *»Die Deutschen konnten sich nicht vorstellen, daß man Juden hilft.« Vor fünfzig Jahren: Dokumente zur Rettung der in Dänemark lebenden Juden*. In: *Frankfurter Rundschau*, 4.10.1993.

[6] Vgl. Aage Bertelsen, *Oktober 43*. A.a.O. S. 49.

[7] Börge Laursens Bericht an das dänische Ordenskapitel, Museum des dänischen Widerstandes, Kopenhagen, zitiert nach Hannes Gamillscheg, *»Die Deutschen konnten sich nicht vorstellen, daß man Juden hilft.«* A.a.O.

[8] Zitiert nach Herbert Pundik, *Stiller Volksaufstand gegen den Holocaust*. In: *Süddeutsche Zeitung*, 2./3. Oktober 1993.

DIE GEOGRAPHIE-STUNDE

»Das arme Frankreich«, pflegte Mogens Lund zu sagen, unser Geographielehrer in der Øregård-Schule. Er war vom ersten Tag des Krieges an sehr besorgt über das Schicksal dieses Landes. »Das tapfere Finnland«, sagte er andererseits voll Vertrauen in die Überlebenskraft dieses anderen Landes. Und wir strickten Socken, als gelte es unser Leben. Aus Ersatzwolle. Aber die Stricknadeln waren schon ganz in Ordnung.

Ich war glücklich, ins Gymnasium zu gehen. Das war keine Selbstverständlichkeit. Damals kostete es Geld, eine Schule zu besuchen. Und wir waren schon einmal geflüchtet, 1933. Aber der Rektor hatte Mutter überzeugen können. Ich sollte ins Gymnasium. Ich bekam ein Stipendium: 100 Kronen pro Jahr, für die drei Gymnasialjahre. Auch die Schulbücher konnte ich unter bestimmten Bedingungen umsonst bekommen.

»Dadurch sparen Sie ja fast 24 Kronen pro Jahr«, hatte der Rektor zu Mutter gesagt. Und Mutter freute sich genauso wie ich.

Es klingt vielleicht merkwürdig, aber ich genoß jede einzelne Schulstunde.

Vom ersten Tag der Besatzungszeit, also vom 9. April 1940 an, lebten wir in Sorge. Aber als mehr und mehr Zeit verging und nichts geschah, kamen wir etwas zur Ruhe. Erst nach dem 29. August 1943 machten wir ernstlich Bekanntschaft mit der Angst.

Am 28. August 1943 hatte die dänische Regierung ein deutsches Ultimatum, durch das die Aburteilung von Sabotagefällen erreicht werden sollte, abgelehnt. Der deutsche Militärbefehlshaber erklärte am 29. August den Ausnahmezustand. Die dänische Regierung trat zurück, der König übte seine Funktionen nicht mehr aus, die dänische Flotte versenkte sich selbst beinahe vollständig. Die übrigen Teile der dänischen Armee wurden interniert.

Wir wohnten in Hellerup. Meine Mutter. Meine Schwester. Mein Zwillingsbruder. Und ich. Wir waren dankbar für die zehn Jahre, in denen alles so gut verlaufen war.

Aber nach dem 29. August hatten wir nie mehr richtig die Ruhe, um so dankbar zu sein, wie wir eigentlich sollten. Es war nicht sehr wahrscheinlich, daß wir unbehelligt bleiben würden. Wenig wahrscheinlich, daß die »Endlösung« nicht auch in diesem Land durchgeführt werden sollte, das uns so gastfreundlich aufgenommen hatte.

Alltags dachte ich niemals daran, daß ich nicht sei wie alle anderen Dänen. Ich war wütend auf die Besatzungsmacht, zeigte den Soldaten die kalte Schulter – Mädchen war man ja bis in die Fingerspitzen – wenn wir ihnen im Tivoli begegneten. Und warum sollten nicht auch wir leben und ins Tivoli gehen? Zum Überfluß konnten wir ja alles verstehen, was *die* sagten. Und *die* ahnten nicht, daß wir der »Feind« waren, die Volksschädlinge. Die hatten eher im Sinn, mit uns anzubandeln, mit meiner Schwester und mir. Damals waren wir erst siebzehn und vierzehn Jahre alt.

Nach dem 29. August gingen wir nicht mehr ins Tivoli. Mutter und ich stopften und flickten Kleider. Mutter war der Meinung, daß es gut sei, wenn alles immer bereit wäre, so als ob wir zu jeder Tagesstunde erwarten müßten abzureisen –

fort, mit allem was wir tragen konnten. Sie hatte einen eigenen Galgenhumor. Wenn Fliegeralarm war, ging sie selten mit uns in den Keller.

»Schaut euch das an, Kinder«, sagte sie hoffnungsvoll, »das ist viel besser als Gewitter. Das sind unsere Freunde, die all das Licht machen«. Und unerschrocken stand sie an der französischen Tür hinaus zur Großwäscherei in der Rygård-Allee, wo wir wohnten, und freute sich beim Gedanken, daß es einige Leute gab, die Mut hatten und etwas taten, um den Wahnwitz aufzuhalten. Und sie flößte uns Vertrauen ein. Wenn Mutter sagte, daß das besser war als ein Gewitter, dann war es auch besser – und vor einem Gewitter hatten wir sowieso keine Angst…

»Das arme Frankreich«, sagte Herr Lund. Ein Monat und zwei Wochen des neuen Schuljahres waren vorüber. Klasse II G. Jetzt wurde es ernst. Die weiße Mütze winkte, die Abiturienten in Dänemark nach bestandenem Examen tragen dürfen. Herr Lund erklärte, warum Frankreich nicht die Fähigkeit besaß zu überleben. Er berichtete über die dauernden Regierungswechsel. Über den Geburtenrückgang. Dinge, die wir fast nicht begriffen.

Und dann klopfte es an die Tür.

Es war Hans Walther R. Diesen Sommer hatte er sein Realschul-Examen gemacht. Er war in der gleichen Klasse wie mein Zwillingsbruder gewesen, der nicht ins Gymnasium gekommen war, sondern in eine Banklehre. Von der ersten bis zur vierten Klasse der Mittelschule waren wir miteinander »gegangen«.

»Darf ich mal mit Joka sprechen?« Das war mein Spitzname oder Kosename. Schon als 11jährige hatte ich immer verlangt, Hanne genannt zu werden, obwohl meine Geburtsurkunde auf Johanna lautet. Johanna schien mir zu wenig dänisch. Aber in der Schule blieb ich sehr lange Joka. Als einige endlich Hanne sagten, fühlte ich mich sehr geschmeichelt.

Herr Lund erfaßte die Situation sofort. Er konnte seinem früheren Schüler ansehen, daß sein überraschender Vormittagsbesuch einen tieferen Grund hatte. Wir wußten ja alle, daß wir uns unablässig in Gefahr befanden.

Er nickte nur.

»Komm schnell«, sagte Hans Walther zu mir. Ich stand auf. Ich wußte schon, was er wollte. Ich konnte das an seinem Gesichtsausdruck und seinen Bewegungen sehen.

»Am Langelinje-Kai liegen Deportationsschiffe«, sagte er leise, als wir im Gang vor dem Klassenzimmer standen. »Es ist nur eine Frage von Stunden. Ihr müßt sehen, daß ihr wegkommt.«

»Was wird mit all den anderen in der Schule?«

»Wir können uns die Wege aufteilen und von Klasse zu Klasse gehen«, sagte er. Wir wußten genau Bescheid, um wen es ging. Auch um einen der Lehrer.

Es wurde ein ganz besonderer Gang. Das erste Erlebnis, das die Beherrschung einer Situation erforderte. Eine merkwürdige Ergriffenheit oder eigenartiger Ernst. Etwas, das in den Nerven zitterte, die außer Kontrolle geraten waren. Eine unbeschreibliche Erregung in allen Klassen. All die ernsten Gesichter. Die anderen wurden aus dem Zusammenhang gerissen, und niemand hatte je daran gedacht, daß sie anders waren.

Ich ging zurück in meine eigene Klasse. Nahm meine Tasche und meine Bücher, die mir wertvoll waren, weil ihr Besitz keine Selbstverständlichkeit war. Gab dem Lehrer die Hand. Schaute über die Klasse hin. Jedes Gesicht so bekannt. Wir waren zusammen seit wir elf Jahre waren. Niemand sagte etwas. Die herrliche Frechheit, die uns zeitweilig zur lustigsten Klasse der Schule gemacht hatte, war verschwunden. Niemand dachte mehr daran, wie es aussah, wenn man der Zeus-Büste die den Klassenschrank zierte, eine brennende Zigarette in den Mund steckte. Niemand dachte daran, wie es war,

Kinder aus den unteren Klassen unter dem Tisch festzu-
halten und erst während der Stunde freizulassen, zur Irri-
tation der Herren Assessoren – niemand dachte wirklich
daran. Denn hier erlebten wir alle zum ersten Mal in unserem Leben die Forderung des Bösen am eigenen Leib:
Tod – und Leben.

Die Worte wurden nie ausgesprochen, die Worte, die man
dachte: Ich hoffe, daß ich euch bald wiedersehe. Ich hoffe,
daß es blinder Alarm ist. Schon waren die Gedanken verwirrt: Ist Mutter zu Hause? Wer warnt diesen, wer jenen?
Was sollen wir tun? Heute Abend sollen wir ja Gäste haben,
die bei uns essen? Es ist Donnerstag, der 29. September – der
Vorabend des jüdischen Neujahrsfestes, das wir hauptsäch-
lich Großvaters wegen in Erinnerung hielten. Was machen
wir mit den Gästen? Wie komme ich nach Hause? Zwölf
Minuten von der Schule zu gehen, sieben Minuten, wenn
man rannte? Und meine Schwester, die bald heiraten sollte?
Und alle meine Schüler? Ich hatte vier Nachhilfeschüler,
einer von ihnen sollte ausgerechnet an diesem Nachmittag
kommen. Wie sollte ich weiter lernen, um mein Abitur doch
noch zu machen, wenn ich überlebte? Würde man mir
erlauben, auf die Schule zurückzukommen?

Und der Ernst des Rektors, seine Würde, als er Abschied
nahm: *Wir erwarten, daß wir euch wiedersehen. Eure Plätze
werden immer freigehalten werden. Aber jetzt beeilt euch.*

Und ich beeilte mich. Mit der Schultasche in der linken
Hand rannte ich den Gerson-Weg hinunter zum Hellerupweg.
Wie viele hundert Tage war ich hier entlang gegangen, bei
jedem Wetter, sorglos und erwartungsvoll, froh oder be-
trübt, manchmal. Damals als ich zum ersten Mal Frauen-
beschwerden hatte und nach Hause gehen mußte, war mir
König Christian X. begegnet. Er hatte sein Pferd angehalten
und gefragt: Hast du schon frei? Vergessen waren meine
Schmerzen, vergessen war alles. Denn der König hatte mit

mir gesprochen. Ich flog nach Hause und zehrte lange von dieser Begegnung, denn Mutter hatte gesagt, daß unsere Rettung von der Haltung dieses Mannes abhing. Und nun hatte er mit mir gesprochen. Ich war damals nahe daran, ihn mit dem lieben Gott zu verwechseln.

Außerhalb der kühlen Atmosphäre der Schule, die sich, ausgehend vom weiß-grauen Geviert der Aula, gleichsam zu Säulen der Ruhe, des Wissens und der Würde verdichtete, war der späte September von einer ungewöhnlich wärmenden Sonne vergoldet. Die dunklen Farben des Herbstes wurden vom Sonnenlicht verdrängt, das in den Fensterscheiben blinkte, auf Fahrradlenkern blitzte und in der kristallinen Struktur der Platten des Bürgersteiges flimmerte.

»Richtiges Feiertagswetter«, sagte Mutter an hohen Feiertagen immer, die sie, pietätvoll einhielt, obwohl sie nicht besonders religiös war. Es schien, als ob sie Recht hatte. *Rosch Haschanah* und *Jom Kippur*, die beiden größten Feiertage, die ja nach dem Mondkalender zwischen Mitte September und Mitte Oktober fallen konnten, waren immer von der Sonne vergoldet.

Die Wehmut, die im Abschied von jedem Sommer liegt, wurde gleichsam begleitet von den äußersten Anstrengungen der Natur, das Gefühl der Vergänglichkeit aller Dinge fortzuhauchen. Das Bewußtsein des Übergangs von der Reife zur Fäulnis sollte von der ruhigen Behauptung der Sonnenwärme verdrängt werden: Es ist immer noch Sommer. Sieh selbst – Bienen summen um die letzten Rosen. Es leuchten letzte Geranien und Kaprifolien. Letzte Gladiolen blühen unerschütterlich, Krokusse treiben zum zweiten Mal Blüten.

Alle diese Blumen prangten in den Gärten des Gerson-Weges, als ich an diesem Tag nach Hause ging. Anders als gewöhnlich rannte ich allerdings den Weg entlang. Konnte man es mir ansehen? Wußten alle gleich: Hier rennt ein Flüchtling?

Ich bremste meine Eile, beherrschte den überstürzten Trab meiner Füße. Niemand sollte etwas sehen. Gesetzt den Fall, ein deutscher Soldat schöpfte Verdacht? Obwohl so viele zu mir gesagt hatten: »Du bist doch gar nicht typisch ...« Das Wort sprachen sie nie aus.

Ecke Gerson-Weg und Hellerupweg mußte ich rechts abbiegen. Auf der anderen Seite links lag die Hellerup-Apotheke. Vor der Apotheke die »Großvater-Platte«. Einmal, als noch nicht Krieg war, hatte meine Mutter ihre Schwester in Paris besucht. Ich wohnte bei Großvater. Und jeden Morgen brachte er mich vom Baunegård-Weg in Gentofte zur Privatschule in Hellerup, die ich zusammen mit meinem Zwillingsbruder besuchte. Eine Privatschule, die von Hanne Christensen geleitet wurde. Sie hatte uns 1933 Freiplätze in ihrer kleinen Schule angeboten. Bei ihr hatte ich zum erstenmal mit dem Christentum und dessen Bedeutung gemacht. Nur verstand ich das alles noch nicht gleich. Und gegenüber ihrer Schule war die Platte im Bürgersteig, bis zu der Großvater immer mitkam.

»Wenn ich einmal tot bin, wirst du dich daran erinnern, daß ich dich jeden Morgen zur Schule gebracht habe, aber nur bis zu dieser Platte«, sagte er und klopfte mit der Spitze seines Spazierstocks immer auf die gleiche Platte des Gehwegs.

Ich liebte meinen Großvater. Mir gegenüber war er immer liebenswürdig, voller Ironie, Witz und Milde. Unsere Gespräche waren endlos. Er war nicht sehr groß, aufrecht, dabei untersetzt. In seinen blauen Augen hinter enormen buschigen Augenbrauen wohnte immer ein Lächeln. Sein Sinn für Humor hatte ihn jedoch nicht über den 9. April 1940 hinweggebracht, den Tag der Besetzung Dänemarks durch die Hitler-Truppen. Am 14. Mai 1940 nahm er sich das Leben. Wir bekamen die näheren Umstände nicht sofort zu wissen. Aber ich habe ihn immer vermißt. Ich weiß, daß wir uns verstanden hätten. Heute erinnere ich mich nur an die wichtigsten Dinge, die er sagte oder tat. Und vor allem seine witzigen Kommentare zu den deutschen Nachrichtensendungen, als der Krieg heraufzog. Sogar ihre Zeitansage erklärte er für lügenhaft. Aber jetzt war keine Zeit für einen würdigen Abschied von dieser Stelle.

Schräg gegenüber befanden sich die Schulzahnklinik und das Backsteinhaus, das den Rahmen für meine ersten entscheidenden fünf Schuljahre in Dänemark bildete. Auch dorthin zog es mich einen Augenblick, ehe ich rechts abdrehte. Aber ich wußte, daß die Schule wegen des Krieges nicht mehr in Betrieb war. Ich wußte nicht, ob mein früheres »Fräulein« zu Hause war oder irgendwo anders Unterricht gab. Ich wußte nicht, ob ich wagen durfte, Zeit zu verlieren.

Ich konnte auch nicht wissen, daß Hanne und Grethe Christensen drei Stunden nach unserer Abreise zu uns kamen, um uns anzubieten, zu ihnen zu ziehen und dort zu wohnen, wir alle vier. Sie waren bereit, alles für uns aufs Spiel zu setzen. Um uns zu helfen. Aber die Neuigkeit hatte sie erst erreicht, als wir schon unterwegs waren.

Die Geographiestunde hatte erst vor 25 Minuten begonnen, als ich den Schlüssel in die Tür in der ersten Etage der Rygård-Allee 8 steckte.

Mutter war nicht zu Hause. Die Wohnung war leer. Das festzustellen, dauerte nicht lange. Dreieinhalb Zimmer, Bad und Küche, aber alles zusammen so klein. Man konnte das ganze vom Korridor aus im Nu überblicken. Natürlich war Mutter in die Stadt gegangen, um für die Gäste einzukaufen, die wir am Abend erwarteten. Meine Schwester Edith, die gerade am Fröbelseminar eine Ausbildung als Kindergärtnerin begonnen hatte, hatte an diesem Tag frei und war sicher mit Mutter gegangen.

Ich stellte meine Schultasche in den Gang und dachte nach, was ich machen sollte. In den Geschäften versuchen, wo Mutter gewöhnlich hinging?

Während ich so herumstand, läutete das Telephon. Ich wagte nicht, dranzugehen. Es war nicht normal, daß ich am Vormittag zu Hause war. Ich fehlte niemals in der Schule, wenn es nicht unbedingt erforderlich war.

Ich entschied mich dafür, Mutter in der Stadt zu suchen. Sie konnte nur zum Hellerupweg oder Rebeccaweg gegangen sein. Molkerei, Kaufmann, Gemüseladen, ich kannte sie ja alle so gut.

In der Molkerei war sie schon gewesen. Auch beim Gemüsehändler. Der Kaufmann hatte sie nicht gesehen. Da entdeckte ich sie, Arm in Arm mit meiner Schwester.

»Kommt, beeilt euch, es ist etwas geschehen«.

Ob ich das wirklich herausbekam oder niemals sagte – ich erinnere mich nicht daran. Nur an Mutters helle Augen, die sich vor Verwunderung weiteten, als sie mich während der Schulstunde draußen auf der Straße antraf.

Wir eilten nach Hause. Auf der Straße schwiegen wir. Mutter sprach nicht allzugut Dänisch. Wenn sie sich aufregte, zog sie ihre Muttersprache vor. Das hat uns oft weh getan. Wir litten gewissermaßen in doppelter Weise, sowohl wegen unseres früheren Deutschtums, als auch wegen unseres jüdischen Ursprungs. Wir sollten diesen doppelten Makel noch viele Male zu spüren bekommen. Aber das wußten wir an jenem sonnengoldenen Vormittag nicht.

Als die Deutschen ihren Einzug in Dänemark hielten, hatten mein Bruder und ich viel Zeit darauf verwendet, das Wort »kannitverstan« einzuüben – direkt aus einer Geschichte aus Johann Peter Hebels »Schatzkästlein des Rheinischen Hausfreundes« entlehnt, die wir in der Schule durchgenommen hatten. Wir waren so irritiert darüber, daß wir in dieser Situation Deutsch konnten. Wir wußten, daß dies eine zusätzliche Belastung für uns werden könnte, falls wir eines Tages eine direkte Konfrontation mit Einzelpersonen der Besatzungsmacht erleben sollten. Wie viel besser wäre es gewesen, wenn wir in Dänemark geboren und nicht sechs Jahre zu spät hierher gekommen wären? Wie viel stärker hätten wir uns als Dänen gefühlt? Nun waren wir staatenlos, ohne Paß. In unseren deutschen Papieren hießen alle Frauen Sarah, die Männer Israel.

Wir brauchten nicht lange, um nach Hause zu kommen. Ich hatte meine Mutter und meine Schwester an der Ecke beim Bäcker getroffen. Ich merkte ihnen an, daß sie noch keine Ahnung hatten. Sonst wäre Mutter nicht einkaufen gegangen. Sobald wir die Tür hinter uns geschlossen hatten, erzählte ich, was in der Schule geschehen war.

»Gerhard!« sagte meine Mutter. »Wir müssen sofort versuchen, ihn zu erreichen.«

»Aber wenn das Telephon abgehört wird?«

»Ich sage, daß ich plötzlich krank geworden bin. Daß er sofort nach Hause kommen muß.«

Auf diese Art wurde mein Bruder alarmiert.

Das Telephon klingelte mehrmals. In blumigen Wendungen erhielten wir die bisherigen Mitteilungen bestätigt: als Einladungen zu einem Besuch auf dem Lande; als Aufforderung zu einem ungeplanten Geburtstagsbesuch.

Die Lage war chaotisch. Wir riefen die Familie in Farum an, die zu uns zum Abendessen kommen sollte. Einer von uns, ich weiß nicht mehr wer, sagte, daß sie lieber aufs Land verreisen sollten. Aber es wurde in diesen Stunden geradezu gefährlich, Onkel und Tanten auf dem Lande zu besuchen.

Wir haben niemals erfahren, ob die Telephone abgehört wurden.

Meine Schwester hatte eine ganze Menge Freundinnen in der Provinz und auch Verbindung mit Monica Wickfeldt vom Gut Engestofte auf Lolland. Aber zuerst fanden wir eine Bleibe etwas außerhalb von Roskilde, bei den Eltern einer ihrer Freundinnen, einer Familie Jespersen. Ich wurde zum Bahnhof Hellerup geschickt, um einen Fahrplan zu holen.

Und dann begannen wir zu packen. Das heißt, Mutter und ich packten. Meine Schwester, die drei Jahre älter war als ich, war vor Schreck fast völlig gelähmt. Es galt aber doch jetzt, nicht seine eigenen Schwächen zu pflegen, sondern etwas zu tun!

Robert, der Verlobte meiner Schwester, tauchte auf. Er half mit beim Packen. Meine beste Freundin Ulla kam, sobald die Schule vorüber war. Jede Hand wurde gebraucht.

Teppiche wurden zusammengerollt. Silberzeug eingepackt. Kleider und Wäsche in Koffer verstaut. Einiges wurde zu Nachbarn gebracht, die es aufheben wollten. Das Radio kam zu einem Elektriker, der einmal im Haus gewohnt hatte; das Silber an einen dritten Ort. Alle waren unsere Freunde.

Plötzlich kam Frau Hofjuwelier Annie Dragsted zu uns herauf. Die Familie Dragsted wohnte am C.V.E. Knuth-Weg, nur fünf Minuten zu Fuß von unserer Wohnung. In Frau Dragsted hatte ich schon von meinem sechsten Lebensjahr an immer einen Engel gesehen. Ihre Töchter waren meine Freundinnen und Pfadfinder-Kameradinnen. Sie gingen damals auch in den gleichen Kindergarten, in der ersten Zeit. Großvater, der auch Juwelier war, kannte die Familie besonders gut.

Frau Dragsted wollte helfen. Was sie mit Mutter besprach, erfuhr ich nicht. Ich hatte so viele wunderbare Erinnerungen an die Stunden bei ihr, daß mir ihr Haus wie ein Paradies vorkam. Als ich das erste Mal zum Ball sollte, im langen Kleid, lieh mir ihre jüngste Tochter einen Traum von Ballkleid. In den vergangenen Jahren hatte ich in ihrem Haus mehr Zeit verbracht, als sonst irgendwo auf der Welt.

Ich weiß nicht, auf welche Weise sie uns half. Aber allein ihre liebe Geste, daß sie der Gefahr trotzte und persönlich erschien, stärkte meine Mutter sehr, die sich übrigens von Anfang an als Herrin der Lage erwies.

Ganz unerwartet kam das alles zwar nicht. Schon eine

Woche zuvor war die Frau meines Großvaters, von der ganzen Familie Tante Erna genannt, »verschwunden«. Und erst vor drei Tagen hatte Mutter ein Angebot erhalten, mit einem Privatflugzeug nach Schweden zu fliegen – ein Angebot, das eine Frau wie meine Mutter nie annehmen konnte. Sie ließ sich niemals auf ein unberechenbares Risiko ein. Sie war mehr dafür, konkrete Probleme zu lösen.

Also packten wir. Und bekamen Magenschmerzen. Und waren nervös. Wir redeten voll Galgenhumor mitten in der Tragödie. Denn das schlimmste wäre gewesen, sich durch Selbstmitleid lähmen zu lassen. Außerdem war ja noch nichts geschehen. Genaugenommen waren es alles nur Gerüchte.

Robert bekam den Schlüssel zur Wohnung.

Ich wurde noch einmal zum Bahnhof Hellerup geschickt, um die Fahrkarten zu kaufen. Vier mal Roskilde und zurück. Falls jemand uns kontrollieren würde, sollte es nicht so aussehen, als ob wir nicht nach Hellerup zurückkehren wollten.

Der Mann am Schalter schaute mich eindringlich an. Ich überlegte, ob er mir vielleicht etwas ansehen konnte. Erst viele Jahre später wurde mir klar, daß er mich so anstarrte, wie bestimmte Männer immer kleine Mädchen anstarren, die noch niemandem gehören, die sie aber selbst gerne zu ihrem Eigentum machen würden. Ich glaubte damals, daß er intuitiv merkte, wie ich vor Angst innerlich zitterte. Ich fürchtete, daß ich durchschaut werden könnte. *Hier steht ein Repräsentant von insgesamt vier Flüchtlingen. Wissen Sie wer ich bin? Können Sie hören, daß ich anders bin? Habe ich einen Schatten von einem Akzent auf meinem Dänisch?*

»Vier Fahrkarten Roskilde und zurück.«

»Bittesehr.«

Ich bezahlte. Die Münzen waren in meiner Hand warm geworden. Aber es war ein Spätsommer, ein warmer Herbsttag: Allen war wärmer als erwartet.

Nachdem diese Stunden so weit hinter mir liegen, kann ich wagen, einige Überlegungen anzustellen: Man sagt, daß Milieu mehr bedeutet als Erbanlagen. Wir waren drei Geschwister. Wir hatten alle während zehn Jahren unter dem intensiven Einfluß meiner Mutter gelebt, in einer Art Landflüchtigkeit. Aber mit ganz unterschiedlicher Auswirkung, je nach unseren Anlagen.

Die Behauptung von der entscheidenden Bedeutung des Milieus kann alleine schon bei Betrachtung unseres Gepäcks, das wir an jenem Abend zum Hellerup-Bahnhof trugen, widerlegt werden. Es war acht Tage nach Mitsommer. Dämmerung. Aber noch hatte sich die Dunkelheit nicht zwischen den Überdachungen der Bahnsteige ausgebreitet. Es wimmelte von Menschen, die anscheinend alle nur ein Ziel hatten: Roskilde. Es sah aus, als ob dort das Weltende war, oder die Rettung.

Meine Schwester war von der Natur verschwenderisch mit allem ausgestattet, was eine junge Frau anziehend, um nicht zu sagen unwiderstehlich machte. Sie hatte lebhafte braune Augen unter feingezeichneten Brauen, ganz unzähmbares dunkellockiges Haar, eine wohlgestaltete, nicht allzu schlanke Figur, Wangengrübchen und eine Perlenkette von Zähnen, um die sie jeder beneidete. Auf die Reise hatte sie einen schwarzen Hutkoffer aus Lackleder mitgenommen. Dieser enthielt das merkwürdigste Sammelsurium von allem, was man braucht, wenn man die äußeren Gaben der Natur unterstreichen will: Rosa Döschen mit verschiedenen Cremes, Lidschatten, Lippenstift, Pinsel, Spachtel, Nagelfeile, Puderquast, Bilder verschiedener Verehrer und Verehrter, leichte und luftige Unterwäsche, einen Lieblingshut, smarte Schuhe – sie stand am Übergang vom Swing- und Kreppsohlenalter zum Erwachsensein, gerade neunzehn Jahre alt. Sie wußte schon eine Menge über das Leben, aber noch nicht genug.

Mein Bruder hatte nur seine Violine mit. Er hatte ernste, fast bernsteinbraune Augen von übernatürlicher Größe und war viel tiefsinniger als seine Schwestern.

Und endlich ich mit meinem wertvollsten Schatz: meinen Schulbüchern, sogar meinem Zeugnisheft mit den ersten Zensuren aus der Klasse II G. Ich hatte mein Lieblingskleid an, gekauft in Daells Warenhaus für 29 Kronen 50. Es war in Swingfasson – damals der letzte Schrei – bordeauxfarben. Darüber eine helle dreiviertellange Jacke, stark abgenutzt, Kniestrümpfe mit Quasten und Kreppsohlenschuhe. Mein Lieblingskostüm, in dem ich im Glas-Saal zu Leo Mathiesens Orchester getanzt hatte. Jitterbug mit elf Variationen. Außer der Schule war es die Jazzmusik, mit heiserer rhythmischer Besetzung in Hornbaek, im Tivoli, in Privathäusern, die mich dazu bringen konnte, die glücklichsten Höhen zu erreichen. »Anita, you're lovely« – »Ain't misbehaving« – »Honey-sucklerose« – oh, viele Musik-Erinnerungen! Viele Erinnerungen an nette Jungs, für die ich alles und nichts fühlte – ich wollte lernen und swingen – und zwischendurch mal in ein Pfadfinderlager.

Allerdings war es verboten worden, in Uniform zu gehen. Verboten worden waren »Versammlungen von mehr als drei Personen«. Wohl hatten wir es geschafft, verschiedene Selbsthilfekurse zu absolvieren; wohl hatten wir unsere Rot-Kreuz-Ausbildung erhalten; aber es wurde uns damals, am 29. August nicht erlaubt, sie an Ort und Stelle anzuwenden. Der Traum der Liebe war in mir noch nicht erwacht, das Bewußtsein, daß man den Mann brauchte, auch wenn er vielleicht Feind war, lag mir noch fern. Der Gedanke an Prostitution, die vielen in dieser Besatzungszeit als ein Ausweg erschien, war mir noch fremd. Der Anblick eines deutschen Soldaten weckte in mir nur den Wunsch nach baldigem Frieden. Also brauchte ich niemanden anzulächeln, wenn ich keine Lust hatte.

Wir drei standen also auf dem Bahnsteig, mit unserem

verschiedenartigen Gepäck und unseren verschiedenartigen Gesichtern. Bekannte und Unbekannte gingen an uns vorbei. Klein, schmerzvoll und allzu zierlich stand auch Mutter da, mit einem wehmütigen Zug um ihren schönen Mund, dem Ausdruck, den ich nur zu gut kannte. Sie stand da mit ihren drei Kindern und einem bescheidenen Vermögen – davon wußten wir allerdings nichts, aber das wurde erst später wichtig – und mit ihrer Erinnerung an eine andere Flucht, einen anderen Abschied …

Während wir da auf dem Bahnsteig standen, ganz hilflos und abhängig von der planmäßigen Ankunft des Zuges, fiel mir ein, daß Mutter das alles schon einmal durchgestanden hatte: Abschied von einem sehr viel schöneren, größeren Heim; von Vater, der in die entgegengesetzte Richtung gereist war; von allen ihren guten Freundinnen; von ihren Jugenderinnerungen. Und es gab keine Hoffnung auf Rückkehr, keine Chance eines Wiedersehens. Im Gegenteil. Und nun kam wieder ein Aufbruch, wieder wurden Wurzeln gezogen, die auf neuem Grund gewachsen waren und neuen Halt und neues Wachstum im Dänentum und in freundlicher Umgebung gefunden hatten – kein Wunder, all diese Wehmut um ihren Mund und in ihren Augen!

Keiner weinte. Manchmal wachsen die Sorgen zu solcher Größe an, daß Weinen nicht ausreicht. Alle starrten vor sich hin und bebten innerlich. Alle waren ängstlich. Konnte ein solcher Massenandrang von Reisenden nach Roskilde der Aufmerksamkeit der Gestapo entgehen?

Der Zug lief donnernd auf dem Bahnsteig ein. Er war bereits ziemlich überfüllt. Es gab keine Sitzplätze mehr. Aber ein Herr machte meiner Mutter Platz. Meine Schwester benutzte ihre elegante Hutschachtel als Sitzplatz. Bis Roskilde dauerte es nicht lange. Im Zug waren einige deutsche Soldaten. Sie nahmen von uns oder von den anderen Reisenden, die wir kannten und von denen wir wußten, daß sie in der gleichen

Lage waren wie wir, keine Notiz. Aber man konnte nie wissen. Es befanden sich viele gewöhnliche Reisende im Zug, aber unser Gefühl des Ausgeschlossenseins war stark und verursachte eine knisternde Spannung zwischen denen, die Bescheid wußten.

Erleichterung folgte den Dampfstößen der Lokomotive, als sie im Bahnhof von Roskilde einfuhr. Noch war es nicht völlig dunkel. Die Luft war milde. Hier auf dem Bahnhof allerdings rußig.

Wir strebten zum Ausgang, zusammen mit den anderen Reisenden.

Auf der Treppe draußen ließ meine Schwester ihre Hutschachtel fallen.

Natürlich sprang sie auf. Ihr femininer Inhalt rollte nach allen Seiten und die Treppen hinunter. Zwei junge deutsche Wehrmachtsoldaten sprangen bereitwillig herbei, um uns beim Aufsammeln zu helfen. Meine Schwester kauerte neben der Schachtel und warf alles, was noch in Reichweite war, in das schwarze Lackmaul.

Mir wurde brühheiß am ganzen Körper. Vor Schreck. Vor Angst. Könnte jemand annehmen, daß wir mit den Soldaten fraternisierten? War denn das nötig gewesen? Warum, zum Teufel, hatte meine Schwester ihre Hutschachtel nicht ordentlich verschlossen?

Endlich war alles eingesammelt. Sie bedankte sich auf Dänisch. Die beiden salutierten. Sie waren sehr jung. Sie fanden das alles lustig. Wahrscheinlich waren sie sich nicht einmal darüber im klaren, welche böse Gewalt sie repräsentierten.

Wir fuhren mit einem Holzgas-Taxi hinaus zu Jespers Eltern. Sie wohnten in einem kleinen Haus, richtig draußen auf dem Land. Sie hatten ein Abendessen für uns vorbereitet. Ich glaube mich zu erinnern, daß es gebratenen Speck mit gebräunten Kartoffeln und danach Apfelkuchen gab.

Die Tapete im Eßzimmer hatte ein aufdringliches Blumenmuster. Ich war völlig überwältigt von den enormen Blumen-Ornamenten, die sich über die niedrige Wohnungswand ergossen. So überwältigt, daß ich mich daran noch am besten erinnere. Außer an den launigen Humor, der sich von Herrn Jespersen auf mich übertrug. Ich war so stark bemüht, unbefangen mit ihm zu plaudern, weil ich ihm zu verstehen geben wollte, daß wir diese Situation mit Haltung ertrugen und er nicht zu glauben brauchte, daß er ein Jammer-Quartett zu Besuch bekam. Alles, was ich an kindlichen Fähigkeiten besaß, um Leute zum Lachen zu bringen, spielte ich bei dieser Mahlzeit voll aus.

Ich redete mich über unsere Beklemmung hinweg, damit sie die freundliche Familie nicht belastete. Deren weibliches Oberhaupt hatte vom Schweinespeckbraten und von ihren Bemühungen, uns die Ursachen für diesen Besuch auf dem Lande vergessen zu machen, einen roten Kopf bekommen. Ich lachte furchtbar über die alten Witze von Herrn Jespersen, weil ich das schwarze Gespenst der Angst aus dieser Blumentapetenstube hinauslachen wollte. Und Jesper, die Freundin meiner Schwester aus der Kinderkrippe, in der beide zu Kinderschwestern ausgebildet worden waren, lachte mit. Ich hoffte, daß sie nichts vom schwebenden Rausch und von der Benommenheit spürte, von unserer Angst, von der entsetzlichen Erkenntnis: wir werden verfolgt, wir sind des Todes. Wir verstanden es ja selbst nicht. Trotzdem wußte ich, daß ich mich seit dem Vormittag in einer Art Rauschzustand befand, als ich aus den kühlen Räumen der Schule hinaus in die Sonne gegangen war, ein Rausch, weil jetzt endlich etwas geschah, weil die Ungewißheit zur Gewißheit wurde. Die Unsicherheit war Angst geworden, die Angst Überlebenswillen. Ich trank Pullimut (oder wie das Getränk hieß) zum Apfelkuchen, ich bemerkte, wie meine mit denen von Frau Jespersen Wangen um die Wette leuchteten, und ich sah, daß meine Mutter nichts essen konnte und ihre vorausahnenden Gedanken eigene Wege gingen.

Am 31. Juli 1942 hatten wir eine Postkarte von ihrer ältesten Schwester aus Paris bekommen. Das war ein gutes Jahr her. Auf der Karte stand nur eine kurze Mitteilung, daß sie nun nach Polen reiste, um ihre Cousine Cecilie zu besuchen. Das bedeutete: Deportation, denn wir wußten zu diesem Zeitpunkt alle, daß Cecilie und ihr Mann – sie waren jung verheiratet – nach Polen deportiert worden waren. Wir machten uns keine Illusionen, was die Deportierten dort erwartete. Das heißt, Mutter machte sich keine Illusionen. Wir Kinder waren noch zu jung damals. Aber soviel konnten wir verstehen, daß unsere Tante auch nach Polen sollte, war ein Schlag, der Mutters Wehmut noch steigerte.

Für sie brachte dieser Tag, der Vorabend des jüdischen Neujahrsfests, die fieberhafte Beschäftigung mit der Frage: Wie rette ich meine drei Kinder vor der Hölle? Sie konnte nichts essen. Ihr guter Wille war vergebens. Jeder Versuch, dankbar etwas entgegenzunehmen, mißriet ihr zur Grimasse.

Wir begriffen, daß Mutter krank wurde. Ob es sich um eine richtige Krankheit oder um einen Nervenzusammenbruch handelte, mußte ein Arzt entscheiden. Wir hätten gerne einen Arzt für sie geholt, aber wir hatten Angst, jemanden anzurufen. Auf dem Land war die Wahrscheinlichkeit, daß die Telephone abgehört wurden, noch größer als in der Großstadt.

Meine Schwester und ich fuhren auf unseren Fahrrädern zum Kaufmann. Aber der hatte geschlossen. Da war nicht mehr viel zu machen.

Wie es wohl den anderen an jenem Abend ergangen war? Waren alle rechtzeitig gewarnt worden? Namen surrten in unseren Köpfen. Wir hörten Radio, aber das brachte nichts Neues. Es stand ja unter Zensur. Jespersens waren politisch nicht interessiert. Hier auf dem Land war der Krieg auch ziemlich fern. Sie hatten während der ganzen Besatzungszeit nicht mehr als ein paar Dutzend deutsche Soldaten gesehen, nur ein einziges Mal eine Militärkolonne. Nicht, daß sie etwas von den grünen Schweinehunden gehalten hätten, aber sie wurden von ihnen ja nicht behelligt.

Wir hatten Brücken hinter uns abgebrochen. Unsere Wohnung gehörte uns nicht mehr. Einiges war in Sicherheit gebracht, aber nur Sachwerte. Unser Leben – hinter dem stand noch ein Fragezeichen.

Der erste Tag der Flucht neigte sich dem Ende zu. Wir konnten nicht verlangen, daß unsere Gastgeber die ganze Nacht aufblieben. Für sie war es schlimm genug, daß wir überhaupt da waren. Nun war es wichtig, so schnell wie möglich weiter zu kommen.

Aber es stand eine Nacht bevor, eine lange Nacht. Mit überwältigenden Blumentapeten. Ich schlief auf dem Sofa im Eßzimmer. Das heißt: ich schlief nicht. Ich lag lange wach und dachte nach. »Kanitverstan«, dachte ich, und gab vor, daß ich kein Deutsch verstünde. Ich versuchte, meine rechte Augenbraue zu heben. »Komm mit mir, Hannelein«, hatten sie in Torben Brix' Ferienpension zu mir gesagt, all die jungen Männer, und ich hatte entdeckt, was das war: flirten. Vielleicht konnte man auf diese Weise überleben. Aber für was für einen Preis? Ich dachte an Wunder, über die ich gelesen und von denen ich geträumt hatte, an unberechtigte Hoffnungen, an Florence Nightingale und an Jesus, der keine Familie Jespersen hatte, zu der er flüchten konnte – in der Nacht, bevor Er gekreuzigt wurde. Ich dachte daran, wie jung ich war, und wie es wohl sein mochte tot zu sein, und an meine Mutter, die das ganze schon einmal durchgemacht hatte, und an ihr merkwürdiges Verhältnis zu meinem Vater, der in die entgegengesetzte Richtung abgereist war, und von dem wir lange nichts gehört hatten. Ich dachte an meine Tante, die so fein und würdevoll und musikalisch war, und an ihren jüngsten

Sohn, der auch vermißt wurde. Ich dachte darüber nach, was an uns allen wohl Besonderes war, daß es Leute gab, die meinten, das Gebot »Du sollst nicht töten« brechen zu müssen, weil wir eine untragbare Bedrohung für sie darstellten.

Und die Blumen-Ornamente wurden zu Gesichtern, die ich kannte: freundliche, liebenswerte Gesichter von Juden, Nicht-Juden, Menschen, denen ich ein langes Leben wünschte, ein Leben ohne Angst und Schmerzen. Als mich irgendwann in der Nacht schließlich doch der Schlaf überfiel, war mein letzter Gedanke, daß wir niemandem Unannehmlichkeiten bereiten und niemandem mit unserer beklemmenden Angst zur Last fallen dürfen.

EINE REISE NACH LOLLAND

Es war kurz nach sieben, als die Sonnenstrahlen durch die Knitterfalten der Verdunkelungsvorhänge fielen. Ich hatte nicht viel Lust, den neuen Tag zu beginnen, aber ich mußte ins andere Zimmer, um zu sehen, wie es Mutter ging. Sie schlief im Gästezimmer.

Es ging ihr nicht gut. Sie hatte einen Ausschlag. Die zurückgedrängte Gemütsbewegung des Vortages hatte sich in einer tiefen Depression niedergeschlagen. Ich war sehr besorgt um sie, und mein Bruder teilte diesen Kummer mit mir. Aber wir konnten nichts tun.

In den Zeitungen, die es an diesem Tag gab, stand nichts, was die Gerüchte bekräftigte oder Lügen strafte. Aber wenn gestern so viele aufgebrochen waren, und noch mehr in den Tagen davor, mußte es wohl wahr sein.

Hier konnten wir nicht bleiben.

Frau Jespersen hatte ihre kostbare Kaffee-Ration angebrochen, um uns eine Freude zu machen. Mutter war so geistesgegenwärtig gewesen, unsere Lebensmittelmarken mitzunehmen. Es war ihr immer gelungen, mit den Marken auszukommen, ebenso wie sie eine besondere Begabung hatte, das bißchen Geld, über das sie verfügte, noch zu strecken. Sie besaß ja keine Arbeitsgenehmigung, sondern nur die Erlaubnis, ihr Geld an der Börse zu »plazieren«. Obwohl sie anfänglich mit den Besonderheiten des dänischen Aktienmarktes überhaupt nicht vertraut war, gelang es ihr doch, ihr kleines Vermögen durch kluge Dispositionen konstant zu halten. Schon als ich elf Jahre alt war, mußte ich die Börsennachrichten für sie im Radio verfolgen und wußte genau, welche Papiere sie hatte – niemals mehr als vier Stück von einem Wert. Mit den schmalen Börsengewinnen war es ihr immerhin gelungen, unser kleines Boot durch das seichte Wasser zu steuern, so daß wir keine Entbehrungen litten – es fehlte uns jedenfalls nichts Wesentliches. Ich hielt es für selbstverständlich, daß ich zur Deckung meiner eigenen Bedürfnisse durch die Erteilung von Nachhilfestunden beitrug.

Aus meinem Tagebuch aus jener Zeit geht hervor, daß Samstag der einzige Tag war, an dem ich keine Stunden gab. Ich verdiente bis zu siebzehn Kronen pro Woche. Von dem kleinen Vermögen, das so entstand, konnte ich meine Teilnahme an Sommerlagern finanzieren, den Swing-Club, Geburtstagsgeschenke und einige Kleidungsstücke, die ich gerne über das täglich Notwendige hinaus haben wollte.

Ich hatte nur den Nachhilfe-Schüler anrufen können, der gestern hatte kommen sollen. Deshalb hatte ich meine Freundin Ulla gebeten, die drei anderen anzurufen, um ihnen zu sagen, daß ich plötzlich abreisen mußte.

Elin war bestimmt diejenige, die am meisten darunter leiden würde. Ihr hatte ich besonders Deutsch-Unterricht gegeben, und sie hatte gerade zum ersten Mal bessere Zensuren bekommen. Die Freude, mit der sie mir das erzählte, hatte auch mich froh gestimmt. Sie war ein so goldiges Mädchen, hatte es aber sehr schwer, in der Schule klar zu kommen. Sie war Legasthenikerin. Damals tat man noch nicht genug für diese Kinder, weil man noch nicht genug über diese Art der Behinderung wußte.

Später am Tag kam Bewegung in die Verhandlungen bei unseren gastfreundlichen Bekannten vor den Toren von

Roskilde. Wir mußten ja zusehen, einen sicheren Ort zu finden, wo wir auf Dauer bleiben konnten, ohne Angst vor Verrat und ohne jemandem zur Last zu fallen.

Es gelang wiederum mit Hilfe von Bekannten meiner Schwester, den nächsten Schritt festzulegen. Mein Bruder und ich sollten zunächst allein nach Saxkøbing weiterreisen. Das Inspektoren-Ehepaar Poul und Inga Gerner-Nielsen von der »Anstalt« hatten bereitwillig angeboten, daß wir bei ihnen wohnen konnten. Poul Gerner-Nielsen war in der Widerstandsbewegung tätig, die Familie hatte Verbindung mit Engestofte und anderen aktiven Widerstandskämpfern auf Lolland-Falster. Aber das wußten wir nicht. Wir wußten auch nicht, was sich hinter dem Namen »Anstalt« verbarg.

Wir mußten zurück zum Bahnhof von Roskilde und mit dem Zug nach Nykøbing auf Falster. Dort sollten wir in einen Regionalzug nach Saxkøbing umsteigen.

Mein Bruder und ich waren sehr bedrückt, weil wir uns vom Rest der Familie trennen mußten. Aber wir sahen die Notwendigkeit ein.

Wir konnten uns auch nicht vorstellen, wie wir in Zukunft Kontakt mit der anderen Hälfte unserer Vierer-Gruppe halten sollten – besonders deshalb, weil wir glaubten, daß das Telephon kein sicheres Verbindungsmittel war. Aber man beruhigte uns. Mutter war zu mitgenommen, um gleich weiterreisen zu können, soviel war klar. Und weil Jespersens die Bekannten meiner Schwester waren, schien es das Natürlichste, daß sie bei Mutter blieb.

Ich kann mich nicht erinnern, wie wir zum Zug gekommen sind. Ich weiß nur noch, daß es am hellen Tage war und bei strahlendem Sonnenschein. Mein Bruder mit seinem Geigenkasten und einer kleineren Tasche mit Wäsche, ich mit meiner Schultasche, die die unentbehrlichen Schulbücher und das Waschzeug für uns beide enthielt. Wir hatten von Mutter auch etwas Geld bekommen. Bei dieser Gelegenheit erinnerte ich mich an das größte Mysterium meiner Kindheit: Wie in aller Welt ging es zu, daß sich in den Brieftaschen der Erwachsenen immer Geld befand? Woher kam es? Diese Mystifikation des Geldes war dadurch entstanden, daß weder Großvater noch Mutter im eigentlichen Sinn dieses Wortes »arbeiten gingen«. Ich hatte keine Vorstellung von Vermögensanlage und Kapitalzinsen. Daß wir staatenlos waren und in Dänemark keine Arbeitserlaubnis erhalten konnten, ehe wir fünfzehn Jahre im Lande waren, waren je keine Themen, die man in Anwesenheit der Kinder besprach. »Not in front of the children«, war der erste englische Satz, den ich verstehen lernte. Auf ihn folgte stets hektisch munteres Geplapper über uninteressante Dinge.

Wir mußten den Zug Richtung Gedser nehmen, der von vielen Wehrmachtsoldaten benutzt wurde, die auf dem Weg in den Urlaub waren oder verlegt wurden. Von Gedser ging damals die Fähre nach Warnemünde, auf der gleichen Route, die wir auch im Mai 1933 benutzt hatten, bei unserer ersten überstürzten Reise nach Dänemark. An diese Fahrt mit der Fähre habe ich übrigens nur eine Erinnerung: eine furchtbare Seekrankheit und einen daher rührenden lebenslänglichen Abscheu vor Ananas. Wir bekamen nämlich an Bord Ananas zum Nachtisch, und die bewegte See ist Schuld, daß Ananas-Plantagen in aller Zukunft nicht mit mir als Kunden rechnen können.

Es war ein sehr langer Zug. Wir taten unser Bestes, um in einen Wagen zu gelangen, in dem sich möglichst wenige deutsche Soldaten befanden. Es glückte uns, zwei Fensterplätze in einem ganz leeren Abteil zu finden, so daß wir uns während der ganzen Fahrt gegenübersitzen konnten.

Die Sitze waren brennend heiß von der Sonne. Schon von vornherein schwitzte ich vor Angst und Anspannung. Mein Bruder wirkte ruhiger. Wir hatten abgesprochen, nur über unverfängliche Themen zu reden: über die Schule und unsere

Schulkameraden, die jetzt in den Klassenzimmern saßen und lernten oder examiniert wurden. Ich hatte keine Lust, die kindliche Dummheit zu wiederholen, die ich damals, als wir 1933 von Frankfurt am Main abreisten, begangen hatte. Eine Dummheit, an die mich meine Familie in passenden Abständen schonungslos immer wieder erinnerte.

Damals war ich nur sechs Jahre alt und begriff nicht viel von dem, was vor sich ging. Für mich war das nur eine Reise zu meinem Großvater nach Dänemark. Ich konnte nicht verstehen, warum meine Schwester und meine Mutter so weinten. Ich liebte es, im Zug zu fahren, und wir waren ja schon einmal dort gewesen.

Daß wir uns vor Männern in braunen Uniformen hüten mußten, verstand ich gut genug, obwohl ich meist ganz interessiert ihren flatternden Fahnen und singenden Marschkolonnen nachschaute. Auf die eine oder andere Art bedeuteten sie eine Gefahr für uns, und schon die Tatsache, daß sie meine Mutter weinen machten, genügte, sie mit gehörigem Respekt und Abscheu zu betrachten. Als sich der Zug, mit dem wir Frankfurt verließen, in Bewegung setzte, Mutter ihre Tränen getrocknet hatte, und die anderen Reisenden im Abteil Platz genommen hatten, lehnte ich mich in meiner sechsjährigen Erleichterung zufrieden zurück und seufzte tief: »Herrlich, dieses schreckliche Nazi-Frankfurt endlich zu verlassen!«

Einer der Passagiere war ein SS-Offizier. Ich erinnere mich deutlich an ihn. Er war groß und schlank. Ob er auch blond war, könnte ich nicht entscheiden. Er hatte eine totale Glatze.

»So etwas darf man nicht sagen, sonst kommt man in das schwarze Loch«, sagte er und drohte mit dem Zeigefinger. Ich erschrak darüber nicht übermäßig, da ich mir ausrechnete, daß er den Zug auf dem Weg nach Dänemark nicht anhalten konnte. Zu dem schwarzen Loch fand meine Phantasie keinen gangbaren Weg, auch nicht für SS-Leute.

Erst als er an einem anderen Bahnhof ausstieg, bekam ich Herzklopfen. Mutter wandte mir ihr freundliches Gesicht zu als ob sie mir etwas vorwerfen wollte, sie sagte aber nichts. Und der Mann kam mit einer großen Schachtel Pralinen für meine Mutter zurück. »Ich wünsche Ihnen alles Gute, gnädige Frau«, sagte er zu ihr.

So sind also auch manche gewesen. Aber das war 1933. Ich wußte schon damals, daß meine Mutter eine sehr schöne Frau war, und daß viel Unmenschlichkeit dazu gehören müßte, ihr etwas zu Leide zu tun. Später verstand ich, daß es noch unmenschlicher ist, weniger schönen Menschen etwas zu Leide zu tun – und daß die Summe des Leidens sehr wohl mit dem Äußeren zusammenhängen kann.

Im Zug von Roskilde nach Gedser war nicht nur *ein* uniformierter Deutscher, sondern eine ganze Masse. Ich konnte sehen, daß sie alle sehr jung waren, und ich konnte hören, daß sie alle sehr frech waren. Ich verstand alles, was sie sagten. »Kannitverstan«, dachte ich ständig, und konzentrierte mich darauf, aus dem Fenster zu sehen. Die Scheiben waren ziemlich beschlagen, und die starke Sonne blendete.

Ich hatte keine Lust, in meine Schulbücher zu schauen, und mein Bruder und ich konnten unser Gespräch auf die Dauer nicht in Gang halten. Der Zug hielt an allen Bahnhöfen. Am besten war es, wenn der Zug fuhr. Man konnte nie wissen, ob man nicht gesucht wurde. Ob die sich die Mühe machten, uns ausgerechnet in diesem Zug aufzuspüren.

Es gab nicht sehr viele Reisende außer den deutschen Soldaten. Neben uns hatte ein dickes älteres Ehepaar Platz genommen. Man konnte sehen, daß die beiden sich mit den Jahren immer ähnlicher geworden waren. Sein Bauch war so umfangreich, daß er die Schenkel spreizen mußte, um Platz dafür zu schaffen. Er lehnte sich etwas vor und hatte seine Hand auf den Oberschenkel seiner Frau gegenüber gelegt, als ob es für ihn notwendig war, diesen Kontakt zu halten. Er sagte auf der ganzen Reise kein einziges Wort. In Vordingborg stiegen beide aus. Sein rotgeflecktes Gesicht sah unverwandt hinauf zur Sonne, und die Frau saß mit halbgeschlossenen Augen da und ließ seine Hand liegen, vermutlich ohne sie auch nur zu bemerken. Ihre Hände hielten entschlossen die Henkel einer Reisetasche fest.

Sie saßen da und beschützten uns. Niemand würde zwar glauben, daß sie etwas mit uns zu tun hätten. Sie konnten sicherlich nicht für unsere Eltern gehalten werden. Sowohl mein Bruder als auch ich waren von ziemlich blasser Hautfarbe, das Rotgesprenkelte lag uns fern, um es milde auszudrükken. Die Augen meines Bruders bernsteinbraun, meine grüngrau. Wir hatten beide dunkle Haare, obwohl ich immer brunette genannt wurde, in meinem ersten Reisepaß sogar einmal blond. Darauf war ich furchtbar stolz. Helles Haar übte auf mich eine geradezu magische Wirkung aus. Während die Blonden mir meine dunkle Mähne mißgönnten, die fast immer ungekämmt aussah.

Wir dachten viel darüber nach, ob man uns etwas anmerken würde. Wenn neue Reisende zustiegen, trabte der Schaffner durch die Gänge und rief »Neu Zugestiegene – neu Zugestiegene«. Aber er sah uns nicht an, außer das eine Mal gleich hinter Roskilde, als wir ihm unsere Fahrkarten zeigten.

Als wir durch Naestved kamen, überwältigte mich der Kummer. Es war erst sieben Wochen her, daß ich von hier abgereist war, nachdem ich den größten Teil meiner Sommerferien als Erntehelferin bei Richard und Emmy Andersen in Fuglebjaerg verbracht hatte. Jetzt konnte ich den Kontakt mit ihnen nicht aufrechterhalten. Sie ahnten nicht, wer ich war, ihnen kam es nicht in den Sinn, daß ich der Verfolgung ausgesetzt war. Wenn sie nichts von mir hörten, würden sie glauben, daß ich sie vergessen habe, daß ich nicht froh war, bei ihnen zu sein.

In Wahrheit hatte ich nie einen so schönen und reichen

Sommer erlebt wie diesen. Richard und Emmy waren sechzehn Jahre verheiratet und hatten in dieser ganzen Zeit kein einziges Mal Ferien gemacht. Nachdem sie mich zwei Wochen arbeiten gesehen hatten, reisten sie für drei Wochen fort, und ich bewirtschaftete während dieser Zeit ihren 60 Morgen großen Hof, zusammen mit dem ältesten Sohn von fünfzehn Jahren und einem Knecht von sechzehn. Dann waren da noch vier kleinere Söhne, die versorgt werden mußten. Einige von ihnen mußten jeden zweiten Tag zur Schule gebracht werden. Sechs Mahlzeiten am Tag, Erbsen pflücken im Akkord am Morgen, melken, mit dem Pferdewagen zur Molkerei fahren, die Tiere füttern, die nicht draußen waren, die anderen von einer Weide zur nächsten treiben, Honig schleudern, Johannisbeeren pflücken und Kirschen einmachen. Die Tage verflogen wie helle Streifen von Lebenslust und Fruchtbarkeit, wie ein Duft von Klee und Stall, Luzerne und Gras. Bronzefarbene Jungenbeine wurden mit ofengewärmtem Wasser in Zinkwanne gewaschen – fünf blonde, vertrauensvolle Jungen um mich, die Rinder und das Federvieh – ich war eine Königin in einem goldgelben Reich mit Lathyrus-Blüten und munteren schmalen Pfaden, die der Dichter Jeppe Aakjær besungen hat. Und wie der Sommer ging mit Kornpuppen und langen Schatten! Nur eine Situation konnte ich nicht bewältigen. In einer Gewitternacht rissen sich die Kühe los und galoppierten ängstlich auf den Hof. Der älteste Sohn fürchtete sich genauso vor dem Gewitter wie der jüngste von zwei Jahren – und ebenso wie ich – als die Tiere wild vor Schrecken auf dem Hof im Kreis herumrannten. Ich hatte allen meinen Mut zusammengenommen und die CB-Kolonne um Hilfe gerufen. Ich hatte Angst, daß man mich auslachen würde. Aber die jungen »Fohlen«, die keine richtigen Soldaten waren, hatten großes Verständnis für mich und nahmen mir die Verantwortung ab. Sie konnten allerdings ebensowenig et-was gegen die verschreckten Tiere ausrichten. Sie kamen erst zur Ruhe, als der Donner aufhörte und das Gewitter in Richtung Norden abzog.

Wie kann man an Kirschengelee und hausgemachten Honig denken, wenn man im Zug sitzt und flüchtet, um nicht mit der nazistischen Vernichtungsmaschine in Berührung zu kommen? Wie können die Gedanken die glücklichsten Stunden zurückrufen, die man zwischen nichtsahnenden Menschen verbracht hat, die nicht einmal wissen, daß man in Lebensgefahr schwebt, die ein so grenzenloses Zutrauen besitzen, daß sie einem das Teuerste, was sie haben, anvertrauen: fünf Kindern, dazu einen Hof mit Tieren und Äckern mit Roggen und Weizen? Was würden sie von mir halten, wenn ich ihnen nie mehr schreiben würde?

Plötzlich während der Eisenbahnfahrt schoß mir durch den Kopf, daß ich mich bei Hans Walther überhaupt nicht bedankt hatte, daß er mich gewarnt hatte. Ich hatte noch nicht die Ruhe gehabt, darüber nachzudenken, was es für ihn, der selbst auf der Flucht war, bedeutete, sich die Zeit zu nehmen, um mich und meine Familie zu warnen. »Wir gehen heute fort, Joka – es ist keine Zeit zu verlieren.« Diese ernsten Augen! Ich hatte immer geglaubt, daß sie mich mit Verachtung betrachteten, weil ich auf der Staatsschule Øregård keine Chance hatte, mit den aparten Kleidern der anderen Mädchen zu konkurrieren.

»Kulso« nannten sie mich in dieser Schule die ersten drei Jahre. Bis sie entdeckten, daß ich gut dafür war, ihre deutschen und englischen Aufsätze zu schreiben. Und bis ich entdeckte, daß ich sie für mich einnehmen konnte, indem ich ihnen half. Die ersten drei Jahre in der Øregård-Schule hätten eine Tortur für mich werden können, wenn nicht die Lehrer mit ihrem Verständnis für meine Lage und ihrer Anerkennung für meinen Arbeitseifer gewesen wären. Aber die drei Jahre sind auch vorübergegangen, und mein Zwillingsbruder war mein

Schutz gegen alle Unbilden. Ich habe oft darüber nachgedacht, wie er das alles in seinem Innern erlebte. Ich weiß nicht, ob er über seine Lehrstelle in der Privatbank besonders froh war, ob er Freunde dort hatte, wie seine Tage vergingen, oder was er von seiner Zukunft erwartete. Er hatte viele Freunde, die seine musikalischen Interessen teilten. Schon im ersten Jahr der Mittelschule hatten sie ein Quartett gebildet, das Kammermusik zu Gunsten einer Sammlung für »das tapfere Finnland« spielte. Ob es jetzt jemanden gab, der Orchester gründete, um in Privathäusern zu spielen (ohne das Verbot der öffentlichen Zusammenrottung zu übertreten) und so Geld zu sammeln, mit dem Bedürftigen geholfen wurde? Wer konnte das wissen?

Meine Überlegungen brachen ab, als der Zug in einer Kurve vor der Storstrøm-Brücke plötzlich hielt. Es gab dort keinen Bahnhof. Alle schauten nervös aus den Fenstern. Warum hielten wir hier? Während der Zug dahinratterte, war der Gedanke an Risiko und Gefahr gleichsam übertönt. Der Zug rollte ja. Aber alle wußten auch, daß die Sabotagetätigkeit in letzter Zeit zunahme, daß die Ereignisse vom 29. August durch Sabotage ausgelöst worden waren. Nichts war für Saboteure natürlich so verlockend, wie eine bedeutende Brükke – eine Brücke, über die der wichtigste Verkehr zwischen Deutschland und Seeland lief.

Der Gedanke, die Storstrøm-Brücke in die Luft zu sprengen, kam mir sehr verlockend vor. Abgesehen allerdings von der Tatsache, daß wir dann nicht nach Saxkøbing gelangen würden.

Die deutschen Soldaten sprangen vom Zug ab und spähten nach vorn, um herauszufinden, was los war. Sie wußten also auch nichts. Der Schotter am Bahnkörper rollte ab, wo sie heraussprangen. Ich wünschte mir, der Zug würde abfahren, ohne sie mitzunehmen. Dann waren es ein paar weniger. Aber das trat nicht ein. Der Lokomotiv-Führer hatte allen Respekt vor der Besatzungsmacht – oder vor seinen Kunden, den Passagieren. Wir haben nie herausbekommen, warum der Zug anhielt. Möglicherweise war es eine Routinemaßnahme.

Eine gute halbe Stunde später kamen wir nach Nykøbing auf Falster. Wir nahmen unsere wenigen Gepäckstücke und stiegen aus. Nicht viele Reisende hatten diese Stadt zum Ziel.

Auf der gegenüberliegenden Seite des Bahnsteigs, etwas weiter vorn, stand schon der Zug nach Lolland. Er führte einen Wagen mit dem Schild Saxkøbing. Wir stiegen in diesen Wagen. Der Zug war viel kürzer, die Waggons von älterer Bauart, die Sitzplätze aus Holz. Sie erinnerten an Ferienreisen in frühester Kindheit durch helle grüne Wälder, ins Sommerparadies!

Der offensichtliche Vorteil dieses Zuges: Es befanden sich überhaupt keine deutschen Soldaten darin. Wir fühlten schon eine Befreiung, eine Erleichterung, als ob wir einer großen Gefahr entkommen wären. Das heißt, ich fühlte so. Denn ich konnte nicht in meinen Bruder hineinsehen und wußte nicht, was er empfand. Wir sprachen auch nicht über unsere Gefühle. Unsere Gedanken drehten sich nur darum, wie wir entkommen konnten. Und das war auch das einzige, worüber wir damals sprachen. Wir waren natürlich auch sehr gespannt, wie unsere Gastgeber, die wir nie zuvor gesehen hatten, aussehen würden.

Die Zeit bis Saxkøbing verging schnell, und es war immer noch Tageslicht und warmer Sonnenschein, als wir ankamen. Vor dem Bahnhof hielt ein Pferdewagen. Der Geigenkasten meines Bruders galt als Erkennungszeichen, und der Kutscher hatte keine Mühe zu erkennen, wen er abholen sollte. Wir stiegen in den Wagen. Das war etwas ganz Neues, Unerwartetes und Spannendes, in einem Pferdewagen zu fahren, in einer Art herrschaftlicher Kutsche. Die Herbstsonne verschenkte ihre Gaben mit einer ungewöhnlichen Wärme. Wir ließen die rechtwinkligen Felder Lollands an uns vorüberziehen und genossen jeden Zentimeter davon. Dänemark, wie es am besten ist – und am ordentlichsten. Gibt es irgendwo in der Welt eine Landwirtschaft, die eine solche Reinheit und Gradlinigkeit in ihren Äckern, Feldern aufweist? Nach meiner noch nicht lange zurückliegenden Begegnung mit der Landwirtschaft tat mir dieses Wiedersehen mit Acker und Erde so wohl.

Wir kamen durch Saxkøbing. Etwas außerhalb des Ortes drehten wir von der Hauptstraße ab, um durch eine wohlgepflegte Allee zu fahren, an die ich mich später erinnerte, als ich die Tuillerien sah, mit ihrem rechtwinkligen Zuschnitt der Laubkronen und der Anordnung der Wege zueinander. Die Schatten wurden länger.

Am Ende der Allee lag das Hauptgebäude der »Anstalt«, ein rundes, burg- oder festungsartiges Gebäude, dessen Mauern mit Efeu oder anderem Laub geschmückt waren. Es war ein Gebäude von drei Stockwerken, eine ungewöhnliche Wohnung für gewöhnliche Menschen im Dänemark des Jahres 1943.

Verwundert und ein bißchen beklommen stieg ich aus der Kutsche und ging mit meinem Bruder zum Eingang, wo wir von Inga Gerner-Nielsen, der Frau des Inspektors, empfangen wurden, einer liebenswürdigen und sanften Frau von Ende Vierzig oder Anfang Fünfzig.

Sie führte uns in das runde, turmartige Gebäude. Der ganze Innenraum lag im Halbdunkel, was nach dem hellen Sonnenschein draußen besonders beeindruckte. Durch das ganze Haus führten Treppen in andere Stockwerke mit Galerien, die den zylinderförmigen Raum mittelalterlich erscheinen ließen. Die Größe der Räume überwältigte mich, und ich fühlte mich niedergedrückt und unbedeutend – die Gedanken gingen unwillkürlich zurück zu unserer Dreieinhalb-Zimmer-Wohnung in Hellerup. Die paßte zehnmal in dieses Haus, dachte ich. Aber Frau Gerner-Nielsens Lächeln warf Licht über alles und vertrieb das deprimierende Gefühl, ein aufdringlicher Fremder zu sein.

Deprimierend, weil ich zum ersten Mal fühlte, daß das alles keine Selbstverständlichkeit war, daß wir mit unserem Schicksal in das Leben dieser Familie hereinbrachen, die ihr Leben unseretwegen ändern mußte. Jemandem zur Last fallen – das war es, was wir taten. Und das wollten wir ja nicht.

Wir wurden willkommen geheißen, hereingebeten, aber die Dankesworte blieben uns im Halse stecken. Wir waren höfliche Phrasen nicht gewöhnt.

Wir wurden in zwei Zimmer im Untergeschoß geführt, herrliche Gästezimmer in frohen Farben mit Expanko-Böden. Alles war peinlich sauber – und das erste, was mich verwunderte, waren die enormen Rohrleitungen, die in dieser Etage verliefen. Es wurde uns erklärt, daß sie zu der Zentralheizung gehörten, mit der die ganze »Anstalt« geheizt wurde. Zu diesem Zeitpunkt war es uns immer noch nicht klar, was es mit der »Anstalt« auf sich hatte. Es wunderte uns deshalb, daß es hier so eine gewaltige Heizungsanlage gab. Da es uns aber nichts ausmachte, die Röhren zu betrachten, waren wir mehr als dankbar für die herrlichen Räume.

Ich erinnere mich, daß ich als erstes alle Schulbücher, die ich mitgenommen hatte, aus meiner Tasche nahm und als großen Stapel auf einen Tisch legte, der unter den hochliegenden Fenstern stand. Ich konnte mir gut vorstellen, hier zu bleiben, weiter zu studieren und auf den Frieden zu warten. Eine neue Ruhe hielt Einzug in mir – ein Gefühl der Sicherheit und der Erleichterung. Es war mir, als ob dies das Ende unseres Weges wäre. Wir waren im wahrsten Sinne des Wortes im Untergrund, aber mit Freunden über der Erde in Reichweite. Hier spürte man Frieden und Harmonie, Menschlichkeit und Freundlichkeit.

Beim Abendessen trafen wir Poul Gerner-Nielsen, den Inspektor. Ich hatte nie zuvor einen so auffälligen Mann gesehen. Auffällig in mehrfacher Hinsicht. Er war ein sehr großer und schöner Mann, wirkte rechtschaffen und höchst interessant.

Ich hatte keinen Hunger. Ich saß am Tisch und schaute mich um. Da war die älteste Tochter, Tytte, mit Knud verheiratet. Sie bewohnten ein paar Zimmer in einem der Seitenflügel der »Anstalt«, die durch unterirdische Gänge mit dem Hauptgebäude verbunden waren. Da waren noch zwei Kinder, Thor und Niels. Ich glaube mich zu erinnern, daß die beiden an unserem ersten Abend nicht zu Hause waren; aber wir trafen sie später. Da war die Hausgehilfin, die mit am Tisch saß. Erst als ich sie betrachtete, wurde mir bewußt, daß die »Anstalt« ein Heim für Behinderte war. Es war kein Hospital für Geisteskranke im eigentlichen Sinn, aber ein Haus mit geschützten Werkstätten, wo Menschen mit dauernder Behinderung, sei es körperlicher oder geistiger Art, »eingewiesen« waren, einige davon früher straffällig, andere unheilbar krank. Das ganze Leben und Wirken des Inspektorenpaares lief darauf hinaus, daß sie und ihre Angestellten diese Menschen stützten, um ihnen das Leben einigermaßen erträglich zu gestalten.

Diese Entdeckung bereitete mir Angst, denn ich fürchtete mich vor aller menschlicher Not. Es machte mich tief unglücklich, wenn ich unglückliche Menschen sah, besonders wenn ich ihnen nicht helfen konnte. Und das konnte ich ja in dieser frühen Phase meiner Kindheit und Jugend nicht. Es bewegte mich, daß jemand etwas für diese Menschen tat, aber ich konnte meine Gefühle nicht zum Ausdruck bringen. Sie sanken wie ein Stein in meinen Magen, und ich konnte nichts essen, jedenfalls nicht, solange wir in der »Anstalt« waren.

Wir bekamen die Abteilungen mit den Patienten allerdings nie zu sehen. Einige arbeiteten zwar in der Wohnung des Inspektors, im Garten und auf den Feldern, aber wir sprachen nicht viel mit ihnen. Es war ja auch nicht beabsichtigt, daß unser Aufenthalt in der Stadt allgemein bekannt wurde, denn auch dort hatte die Gestapo ihre Handlanger. Es war deshalb am besten, sich unauffällig zu verhalten.

Am Abend las ich mich in den Schlaf. Von meiner Mutter und meiner Schwester hatten wir an diesem ersten Tag nichts gehört. Ich dachte an sie und wußte nicht, wie ihr Schicksal weiter verlief.

Der zweite Tag der Flucht ging zu Ende.

In der »Anstalt«

Die Sonne fiel schräg durch die hohen Fenster im Kellerzimmer, und ich fühlte Freude über den neuen Tag in der
neuen Umgebung. Es war ein Freitag. Wie an den vorher-
gegangenen Tagen folgten meine Gedanken dem Tageslauf
meiner Schulkameraden. Ihre Schulzeiten, ihr Stundenplan,
was sie wohl unternahmen? Ich sah meine leere Schulbank vor
mir und dachte daran, daß jetzt jemand anders dort saß – bis
ich wieder kommen würde.

Ich beschloß, den ganzen Tag zu studieren – alle Fächer, um
das Versäumte aufzuholen, bevor es zu viel würde.

Es sah aus, als ob es ein schöner Tag werden würde. Die
Gastgeber – Onkel Poul und Tante Inga, wie wir sie nennen
sollten, taten alles, um uns fröhlich zu stimmen.

Es wurde uns erlaubt, mit aufs Feld zu fahren, gleich beim
Wirtschaftshof, der zur Anstalt gehörte. Mit meinen erst vor
kurzem erworbenen Erfahrungen fühlte ich wirkliche Freude,
als ich wieder den Geruch von Stall und Weide wahrnahm.
Ich hatte Lust, mit anzupacken, wußte aber, daß wir nicht
deshalb hergekommen waren. So wenig Leute wie möglich
sollten wissen, daß wir hier waren. Wir waren nur Gäste, auf
der Durchreise, keine Mitarbeiter, keine Angestellten. Eigentlich waren wir überhaupt nichts. Das mußten wir uns immer
klar machen. Der Himmel sah aus wie überall, und die Sonne

schien wie die Sonne aller Tage, und die Ställe rochen nach nichts anderem als nach Stall – und doch war alles anders als sonst.

Es kam mir vor, als ob man uns bewußt von den Radio-Nachrichten fernhielt. Gerade in diesen Stunden geschah vielleicht etwas, das eine Sonnenfinsternis hervorgerufen, einen Trauerschleier über den schönen Herbsttag gebreitet hätte.

Am Nachmittag wurde mir erlaubt, auf dem Klavier ein bißchen herumzuklimpern. Ich konnte nie besonders gut Klavier spielen. Die einzelnen Stücke – »Last Roses of Summer«, »Auf zum Gipfel« »Carry me back to old Virginia« – waren meist Lieder, die ich am leichtesten nach dem Gehör spielen konnte. Ich war nicht geduldig genug, um Etüden und schwierige Läufe einzuüben. Die leichten Bravour-Nummern – und ich nehme in Kauf, daß es jeder gegen mich verwenden kann – haben mir immer am meisten zugesagt. »Frühlings-rauschen«, Liszts ungarische Rhapsodie Nr. 2 – alles was mit einem Minimum an Übung den Eindruck von Virtuosität hervorrief, ohne mehr als ein bißchen Fingerfertigkeit zu erfordern, sagte mir zu. Aber ich spielte auch »Home, Sweet Home«. Da rief der Inspektor zornig von unten, wo er das Klavier hören konnte: »Hör auf damit!«

Erschrocken hielt ich ein und verstand nicht, was seinen Zorn hervorgerufen hatte. Aber Tante Inga erklärte mir später, daß er diese Melodie nicht ertragen konnte. Teils weil er ahnte, daß ich sie gespielt hatte, um meiner Sehnsucht Ausdruck zu verleihen, vielleicht einem jetzt schon beginnenden Heimweh, noch bevor die Trennung vom Zuhause endgültig vollzogen war. Teils weil er selbst so sehr unter Heimweh gelitten hatte in den vielen Jahren, die er im Fernen Osten gewesen war.

Danach wagte ich nicht mehr »Last Roses of Summer« zu spielen, weil diese Melodie der anderen zu sehr ähnelte. Nicht einmal zwanzig Takte »Frühlingsrauschen« wagte ich anzustimmen! Denn auch in ihnen lag ja die Sehnsucht, die Sehnsucht nach Frühling und Hoffnung. Also spielte ich überhaupt nicht mehr.

Anders mein Bruder. Er konnte immer und überall spielen. Er war auf das Königliche Konservatorium für Musik gegangen. Sein erster Lehrer war Wilhelm Bartholdy gewesen, später Charles Senderowitz. Das erste große Leid erfuhr mein Bruder wohl an jenem Morgen, an dem die Zeitungen meldeten, daß Bartholdy während der Rigoletto-Ouvertüre im Königlichen Theater tot hingesunken war. Diese traurige Nachricht konnten wir ihm damals nicht verheimlichen, obwohl meine Mutter uns verboten hatte, ihm die Zeitung zu zeigen. Er hatte es selbst schon gelesen. Für Mutter hatte dieser klassische Sonderunterricht ein wirkliches Opfer bedeutet. Aber das musikalische Talent meines Bruders stand außer Frage. Meine Mutter hielt es deshalb für ihre Pflicht, ihm die Chance zu geben, die der Unterricht im Konservatorium bedeutete. Natürlich war es nicht möglich, mehr als einem von uns die anspruchsvolle Ausbildung zu bieten. Meine Musikfreude galt offenbar mehr dem Zuhören als dem Ausüben.

Meine Schwester ihrerseits gefiel sich darin, jeden musikalischen Enfaltungsversuch in der Familie ins Lächerliche zu ziehen. Als der Puck oder Troll, der sie war, machte sie jeden Versuch zunichte, unser kindliches Interesse ernsthaft auf etwas zu konzentrieren, zum Beispiel auf Schubertlieder. Sie schnitt hinter Mutters Rücken Grimassen und gab mimische Darbietungen, bis ich das Lachen nicht halten konnte. Selbst mein Bruder wurde aus der Fassung gebracht. Unsere Musikstunden in der Rygård-Allee waren immer durch die Beiträge von drei ganz verschiedenen Charakteren gekennzeichnet: der eine ernsthaft, der andere trollartig und der dritte mit einem übersteigerten Sinn für barocke Komik. Und selbst Mutter konnte manchmal nicht an sich halten. Es war bewundernswert, wie sie lachen konnte – trotz allem.

54

ABENDGEBET

*W*ir hatten im übrigen von meiner Mutter und meiner Schwester noch immer nichts gehört. Ich spielte mit dem Gedanken, die Familie Jespersen anzurufen. Ich hätte auch gerne mit meiner Freundin Ulla telephoniert, um ihr zu sagen, daß es uns gut ging und wir wohl einen Ort gefunden hatten, wo wir bis zum Ende des Krieges bleiben konnten – das war ja meine Wunschvorstellung. Aber ich wagte nicht, darum zu bitten, um nicht unbescheiden zu wirken. Wir hatten auch nicht sehr viel Geld bei uns. Wenn ich schon ein Ferngespräch geführt hätte, dann hätte ich auch dafür bezahlen wollen. Außerdem fürchtete ich immer noch, daß die Telephone abgehört wurden – wer konnte wissen, was eigentlich vorging? Wir bekamen so wenig zu hören. Aber je weniger wir wußten, desto weniger würden wir im Falle eines Falles verraten können.

Wenn diese Schiffe nicht am Langelinje-Kai angelegt hätten, wenn all das nicht geschehen wäre, was inzwischen geschehen war, dann wäre ich an jenem Samstagabend tanzen gegangen. Wir hatten einen Club, den wir prätentiös den »Storchen-Club« nannten – wir hatten ein Tanzlokal in der Niels-Hemmingsen-Straße, in der Nähe des Amagertorv in der Innenstadt. Jedenfalls gab es dort ein weitläufiges Tanzparkett, wo man alle seine Jitterbug-Figuren ausführen konnte, ohne

Angst, jemanden zu verletzen. Unser Vorsitzender hieß Thorbjörn. Er war groß, hatte dichtgekräuseltes rotes Haar und einen klaren, zielbewußten Blick. Unter seiner Leitung entfalteten wir unsere Jazz-Interessen. Wir gingen mit großem Enthusiasmus in den verschiedenen Richtungen des Jazz auf: dem alten Stil, dem neuen Stil, dem Swing-Stil... und auf dem Tanzparkett fühlte ich mich sicher, alle Komplexe wie weggeblasen. Hier war ich nur Mädchen, jazz-minded und anerkannt. Hier war ich immer froh. Hier verlor ich allerdings auch meine erste und einzige Armbanduhr. Ich habe sie eine Woche später wie durch ein Wunder wiedergefunden – eine Erfahrung, die ich mir zur Warnung dienen ließ.

Wir tranken niemals Alkohol. Wir brauchten nicht mehr als die Musik, um fröhlich zu sein.

Aber an diesem Samstagabend konnte ich nicht dort hin. Ich konnte nicht einmal absagen. Ich fragte mich, ob die anderen wohl ahnten, warum. Ich hatte mit meinen Kameraden von Torben Brix' Ferienpension niemals Rassenfragen diskutiert. Wir *waren* einfach. Es ging nicht darum, *wer* wir waren, *was* wir waren, oder an was wir glaubten. Es ging nur darum zu *sein*, im Rhythmus der Zeit, mit der Musik der Zeit, trotz Besatzung, Krieg und Sabotage. Aber vielleicht wurde der ganze Tanzabend auch abgesagt, wegen des Ausnahmezustands? Im Gedanken an diese Möglichkeit lag ein gewisser Trost.

An jenem Abend bekam ich furchtbare Schmerzen in der rechten Seite des Unterleibs, aber ich wagte nicht, jemandem etwas davon zu sagen. Ich kannte diese Symptome. Ich wußte, daß es nur die Nerven sein konnten und nicht, wie die Erwachsenen immer sagten, »chronischer Blinddarm«. Schon 1933, als wir nach Dänemark flohen und in einem Hotelzimmer im obersten Stockwerk von Webers Hotel am Vesterbro-Boulevard wohnten, traten diese Schmerzen mit einer solchen Stärke auf, daß Mutter in ihrer großen Verzweiflung einen Arzt rufen mußte.

56

Aber der Arzt konnte kein Fieber feststellen und die Schmerzen nicht lokalisieren. Die Schmerzen waren einfach da und brachten mich zum Weinen. In den seither vergangenen zehn Jahren hatte ich gelernt, mich zu beherrschen. Als Großvater 1940 starb, ging mir das so nahe, daß die Schmerzen Fieber hervorriefen. Ich wurde ins Kreiskrankenhaus gebracht, zur Beobachtung wegen Verdacht auf Blinddarmentzündung. Ich blieb lange im Krankenhaus und war mir nicht darüber im klaren, daß dies meine erste unbewußte Flucht vor dem Leid war, das ich nicht ertragen konnte.

Diesmal konnte ich nicht vor dem Druck, vor der Ungewißheit über das Schicksal meiner Mutter, vor der Unsicherheit der eigenen Zukunft fliehen. Ein Krankenhausaufenthalt war unmöglich, ich wollte unter keinen Umständen von meinem Bruder getrennt werden. Ich merkte auch, daß ich nicht das geringste Fieber hatte – der Schmerz war so, als ob sich ein Pfriem tiefer und tiefer in mein Fleisch bohrte, aber ich wußte auch, daß der Schmerz aufhören würde, wenn es mir gelänge, einzuschlafen.

Ich wusch die Unterwäsche für meinen Bruder und mich an diesem Abend. Wir hatten jeder nur einen Satz Wäsche zum Wechseln mit, und es tat gut, sich mit etwas Praktischem zu beschäftigen. In unserem runden Paradies gab es sonst nicht viel zu tun. Wahrscheinlich sind wir niemals zuvor und niemals danach in unserem Leben so verwöhnt worden wie bei Gerner-Nielsens. Was wir auch als Gegenleistung hätten tun wollen, es hätte niemals das abgelten können, was sie für uns taten.

An diesem Abend kamen einige Gäste, und wir redeten vom Krieg. Überall wurde dauernd vom Krieg geredet. Aber man gebrauchte blumige Wendungen, eine mysteriöse, rituelle Sprache, die nur Eingeweihte verstanden.

Das Gefühl, daß wir ausgeschlossen wurden, anders, daß wir und vom Wohlwollen anderer abhängig waren, war zu einer quälenden Spitze in meiner rechten Seite geworden. Ich konnte wirklich nicht davon loskommen. Nicht einmal, als ich schließlich in meinem Bett lag, unter weichen Daunen auf schneeweißem Laken.

Ich las lange, ehe ich bei brennendem Licht einschlief – ich konnte die Bombenflugzeuge Richtung Süden fliegen hören, ein fernes Summen, nicht einmal Brummen, denn sie flogen sehr hoch. Ich dachte an die Menschen, die in wenigen Stunden aus ihrem Schlaf geschreckt würden, wenn die todbringende Last über ihnen abgeladen wird, die ihr Leben in Chaos stürzt. Sie taten mir leid. Der Krieg war ein Fluch, die Menschen hatten den Sinn des Lebens mißverstanden – und ich lag im Bett und wünschte hilflos, daß Gott eingreifen möge, daß Er etwas tut, um diesem Wahnsinn Einhalt zu gebieten.

Ich konnte nie einschlafen, ohne ein Abendgebet zu sprechen. Ich konnte sowohl ein deutsches Kinder-Gebet als auch ein dänisches. Und dazu noch ein selbstgemachtes, das unter anderem allen Menschen galt, die zu Recht oder Unrecht im Gefängnis saßen. Dieses Gebet hatte ich mir selbst zusammengestellt, als ich acht Jahre alt war. Damals war ich ganz sicher, daß es helfen würde, wenn alle Bewohner der Welt für die Gefangenen bitten würden.

Das Schlimmste schien mir damals zu sein, wenn Menschen ihrer Freiheit beraubt wurden – zu Recht oder zu Unrecht. Diese Haltung hat sich in meinem ganzen Leben nicht geändert. Nur daß ich jetzt nicht mehr sicher bin, ob Beten hilft.

VERGIFTETE ATMOSPHÄRE

*D*er Sonntag brachte einen weiteren Herbsttag voller Sonnenschein und glasklarer Luft, mit prächtig gefärbtem Laub über dem besetzten Land. Ein schicksalsschwerer, schrecklicher Tag. Denn es war etwas geschehen. Razzia.

Ich konnte es schon an den ernsten Gesichtern am Frühstückstisch sehen. Ich hatte es verstanden, noch ehe ich heimlich die erste Seite der Zeitung las. Es war geschehen, jetzt auch in Dänemark, trotz des Protests von König Christian, entgegen aller Voraussicht. Das Musterprotektorat hatte einen Schönheitsfehler.

Es wurde nicht viel Aufhebens darum gemacht. Es war einem Zeitungsbericht zu entnehmen, dessen irreführende Überschrift ein Schlag ins Gesicht eines jeden ehrbaren Dänen sein mußte:

Die internierten dänischen Soldaten werden entlassen.
Von offizieller Seite wird mitgeteilt:
Nachdem die Juden, die mit ihrer deutschfeindlichen Hetztätigkeit und ihrer moralischen und materiellen Unterstützung von Terror- und Sabotagehandlungen, die wesentlich zur Verschärfung der Lage in Dänemark beigetragen haben, durch die von deutscher Seite getroffenen Vorschriften aus dem öffentlichen Leben ausgeschaltet und daran gehindert worden sind, fortgesetzt die Atmosphäre zu vergiften,

wird in Erfüllung eines Wunsches, der in weiten Kreisen der Dänischen Bevölkerung besteht, in den nächsten Tagen mit der Entlassung der internierten dänischen Soldaten begonnen. Die Entlassung wird so schnell vor sich gehen, wie es die technischen Möglichkeiten erlauben.

Als ob irgendein dänischer Soldat Wert darauf legte, um diesen Preis entlassen zu werden! Ich las den zweispaltigen Text auf der ersten Seite der Zeitung mehrere Male, und jedes Mal wurde mir die Ungeheuerlichkeit seines Inhalts bewußter.

Wie viele hatten sie gefangen? Wie viele wurden verschleppt? Was sollte das heißen: die Atmosphäre vergiftet? Materielle Unterstützung? Eine Art Schuldgefühl ergriff mich – ich hatte materielle Unterstützung geleistet, indem ich Royal-Air-Force-Mützen gehäkelt hatte. Aber das hatten wir doch alle getan. Die rot-weiß-blauen Pudelmützen, mit denen wir in unserem kindlichen Protest herumliefen. In ganz Dänemark gab es kaum einen Schüler, der keine solche Mütze hatte. Wie viele hatte ich selbst gemacht – gut zwanzig Stück vielleicht, die Jungen konnten ja nicht häkeln. Wir stellten uns immer vor, daß die alliierten Piloten aus ihren Flugzeugen herunterschauen würden und Freude daran hätten, einen wahren Wald ihrer eigenen Mützen zu sehen, wenn sie eines Tages über uns hinflögen.

Aber das war die einzige »Vergiftung« der Atmosphäre, der ich mich schuldig gemacht hatte. Ich fühlte mich verletzt, aufgebracht und hilflos.

Tante Ingas Augen sahen aus, als ob sie geweint hätte. Aber vielleicht lag es nur daran, daß sie von tiefem Mitgefühl erfüllt waren. Onkel Pouls Augen waren eisblau vor Zorn.

Ein mir bisher unbekanntes Gefühl brach sich Bahn – etwas Blankes, Weißes und Verzweifeltes. Vielleicht war es das, was man Haß nennt, ich weiß es nicht. Aber mir war klamm und kalt am ganzen Körper, meine Phantasie kreiste dauernd um die Frage, was im Verlauf der Nacht geschehen sein mochte. War auch in der Rygård-Allee ein Lastwagen vorgefahren? Wie hatten sich diejenigen verhalten, die nicht rechtzeitig entwischt waren? Und dann der teuflische Gedanke, daß man sich gerade den zweitheiligsten Feiertag für die Razzia ausgesucht hatte. Die orthodoxen Juden, wie hatten sie reagiert? Hatten sie gewagt, das heilige Gebot der Schrift zu brechen? Hatten sie verstanden, daß kein Gott ihnen Vorwürfe machen würde, wenn sie in einem solchen Fall das Gesetz übertreten? Ich hatte es schon immer schwer gehabt, mich mit gewissen alt-testamentarischen Vorschriften abzufinden. Mir schien, daß sie nicht zeitgemäß waren, vertretbar vielleicht in einer Zeit, in der Wissenschaft und Forschung nicht so entwickelt waren, wie in unseren Tagen. Heute völlig überflüssig. Ich verstand ganz einfach nicht die Bedeutung der Rituale, nicht den Zusammenhang der Symbole mit der einen einfachen Sache, nämlich dem Glauben an Gott. Zu sterben, weil man Glaubensvorschriften einhielt, aus Angst vor dem strafenden Gott, das überstieg völlig mein Begriffsvermögen. Gott war für mich ein Helfer, nicht eine urteilende Strafinstanz.

Die Atmosphäre vergiftet. Wer war es denn, der die Atmosphäre vergiftete? Wer war es, der Tod und Furcht und Vernichtung säte? Wer war es, der zur *danse macabre* der Kriegshysterie aufgespielt hatte? Waren es die ängstlichen Ghetto-Juden in Polen, von denen man schon so viel Schreckliches gehört hatte? Waren es die aufgelösten jüdischen Familien, die Zuflucht in den europäischen Ländern außerhalb Deutschlands gesucht hatten? War es meine Tante, die am 31. Juli 1942 eine Postkarte an Mutter geschickt hatte, auf der die Worte standen: »Reise zu Cecilie nach Polen«? Oder ihr zwölfjähriger Sohn, der ebenfalls verschwunden war? Was war das für ein Gift, das die Seelen verwüstete und Menschen zu Mördern machte? Und die Menschheit zu Grunde richtete?

Der 2. Oktober wurde ein bewegter Tag. Erregung und Verstimmung, Angst und Bangen prägten alles und alle. An diesem Tag hörten wir, daß Mutter und meine Schwester zu Monica Wickfeldt auf dem Gut Engestofte auf Lolland gekommen waren. Dort hatte man »zwei neue Stubenmädchen« bekommen, wie es hieß. Meine Mutter ein Stubenmädchen! Das paßte nicht zusammen. Nicht weil etwas dabei gewesen wäre, Stubenmädchen zu sein, aber die Vorstellung war mit meiner Mutter nicht zu vereinbaren. Sie waren zusammen in einem Kellerzimmer auf dem Gut einquartiert worden. Der Sohn des Hauses hatte ihnen erklärt, daß sie ihre Freunde seien, die Umstände machten diese Tarnung notwendig. Jedenfalls war es viel besser, als in einem Lastwagen zu landen, der mit unbekanntem Ziel wegfuhr.

Nach diesem Tag geschah etwas in mir. Wenn ich die Geräusche der vorüberziehenden Bombenflugzeuge hörte, löste das kein Mitgefühl mehr in mir aus, sondern eine grimmige Befriedigung. Der Kummer über die unberechenbare Gewalt, die jeder Luftangriff darstellte, wurde von etwas anderem ausgelöst: von der Süße der Rache. Es erschreckte mich, daß ich Freude über das Leid anderer empfand. Das war mir vorher noch nicht widerfahren. Aber in meinem Zorn beruhigte ich mich in dem Bewußtsein, daß das Volk, das so viel Leid über Unschuldige brachte, auch seine unschuldigen Opfer darbringen mußte. Das alte Auge-um-Auge-Prinzip kam plötzlich wieder zur Geltung in diesem Ragnarok, das der Höhepunkt des menschlichen Leidens in der Geschichte unserer Kultur zu sein schien.

Schon an diesem Tag begannen Tante Inga und Onkel Poul davon zu reden, daß wir lieber versuchen sollten, nach Schweden hinüber zu kommen, wie so viele andere. »So viele andere«, das enthielt einen gewissen Trost. Aus der Bevölkerung ausgeschieden zu sein, bedeutete keineswegs in allen Fällen: »deportiert von der Gestapo«. Sondern viel öfter: »gerettet – befreit, in Schweden an Land gebracht«. Es war uns nicht unbekannt, daß eine organisierte Massenflucht eingesetzt hatte, riskant, aber anscheinend in den meisten Fällen mit glücklichem Ausgang. Die Erwachsenen besprachen untereinander, daß man Kontakt mit den Leuten aufnehmen mußte, die mit der Flucht über den Øresund zu tun hatten. Woher sie wußten, mit wem sie reden sollten, blieb mir unklar. Es war ein Kommen und Gehen, aber wir klammerten unsere Hoffnungen hingebungsvoll an das runde Hauptgebäude der »Anstalt«. Wir waren dort mehr als zufrieden, wir hatten absolut nicht den Wunsch, von dort fortzugehen. Wenn wir nur bleiben dürften. Wir hätten gerne alles getan, um uns nützlich zu machen, um unseren Gastgebern nicht zur Last zu fallen.

Vom Büro des Inspektors hörte man oft das Telephon klingeln. Erst viel später haben wir erfahren, wie aktiv er in der Widerstandsbewegung war, wie viele Feinde er im keineswegs kleinen Kreis der Kriegsgewinnler hatte, die mit der Besatzungsmacht kollaborierten.

Onkel Poul war anscheinend der Mittelpunkt eines Kreises aktiver Dänen, die auch der bekannten Monica Wickfeldt zur Seite standen, deren Landgut nach und nach zum zentralen Landepunkt der Fallschirm-Agenten wurde. Sein Mut und seine Unerschrockenheit waren sehr eindrucksvoll, nichts schien ihn von seinen Plänen abhalten zu können. Und Pläne hatte er offensichtlich viele. Daß auch er später dem furchtbarsten Zweig des deutschen Geheimdienstes zum Opfer fiel, gehört zu einer anderen Geschichte, muß aber hier erwähnt werden, um das Bild abzurunden.

Wir aßen manchmal zusammen mit Tytte und Knud in einer Art unterirdischer Krypta – einem runden Platz zwischen den Gängen, die das Hauptgebäude der »Anstalt« mit den Seitenflügeln verbanden. Es war ein sehr gemütlicher

Aufenthaltsraum mit einer eigenen Höhlen-Atmosphäre, und mit der Sicherheit des Untergrundes unter Ausschluß von Tageslicht. Es war dort schöner als im schönsten Grusel-Krimi. Hier unten saßen wir beisammen und sprachen von den Ungeheuerlichkeiten, die über der Erde stattfanden. Hier fühlten wir uns sicherer als andernorts. Und hier konnte ich auch trotz der verwirrten Situation das Essen herunterbekommen.

Hier unten hörten wir zum ersten Mal von der Chance, die wir hätten, wenn wir mit einem Boot nach Schweden führen. Ein solches Boot war uns anscheinend von einem unserer Lehrer von der Øregård-Schule, David Grünbaum, zur Verfügung gestellt worden. Es hieß, daß die Überfahrt am Dienstag, den 5. Oktober, stattfinden sollte und wir mitkommen könnten, ohne etwas zu bezahlen.

Der Gedanke, die »Anstalt« zu verlassen, war so schlimm, daß wir vor der Entscheidung zurückschreckten. Aber es war ja noch genügend Zeit. Niemand hatte bis jetzt verlangt, daß wir uns selbst entschließen sollten, und ich hoffte dauernd, daß Mutter anrief. Wir hatten seit dem Vormittag des 30. September, an dem wir von Roskilde abgereist waren, nicht mehr miteinander gesprochen. Wir wußten, wo sie war, aber nicht, wie es ihr ging. Obwohl ich eine Stunde jünger war als mein Bruder, fühlte ich die ganze Bürde der Verantwortung.

Ich konnte mich nicht aufs Lernen konzentrieren. Meine Gedanken kreisten immer um das Los derjenigen, die nicht entwischt waren, und all die Gerüchte, die uns in den vergangenen Jahren über die Deportationen von Rassegenossen erreicht hatten, wurden an diesem besonderen Tag Wirklichkeit. Das Grauen wurde zu etwas Nahem und Wirklichem, es war nichts mehr von dem man gehört hatte, daß es mit anderen geschehen war: Es konnte einen selbst treffen. Und wie würde das sein: unsanft auf einen Lastwagen gestoßen, vielleicht geschlagen, vielleicht gefoltert werden! Ich fühlte

64

Scham darüber, daß ich in Dänemark war und mich jeden Tag satt essen konnte. Denn plötzlich ging mir der Ernst des makabren Spiels auf, mit allen seinen erschütternden Perspektiven.

Ich rief mir alle Mitglieder meiner Familie vor Augen, die vielleicht wirklich abtransportiert worden waren: Meine Großmutter und Tante väterlicherseits, die allzulange in Deutschland geblieben waren. Der Bruder meines Vaters, Onkel Max, an den ich mich nur schwach erinnere – was war aus ihm geworden? Das Schicksal meiner Tante mütterlicherseits und ihres Sohnes Steffen ahnten wir schon. Aber ihr ältester Sohn Edwin und der Vater der beiden – wie waren die in Paris zurechtgekommen? Denn in Paris hatten die Verfolgungen schon viel früher begonnen. Meine jüngste Tante mütterlicherseits war glücklicherweise in Buenos Aires verheiratet und außer Reichweite. Dann war da noch der Bruder meiner Mutter, der nach Spanien geflohen war. Und eine weitere Tante, die rechtzeitig nach Uruguay ausreisen konnte. Wenn sonst nichts, so war Adolf Hitler jedenfalls dieses eine gelungen: unsere Familie total aufzusplittern, nicht nur unsere, sondern alle Familien, gründlichst, aufgelöst und zur Verzweiflung getrieben.

Ich empfand es als Trost, daß mein Großvater mütterlicherseits diesen Tag jedenfalls nicht mehr erleben mußte. Er wäre noch einmal gestorben, er hätte das einfach nicht ertragen können. Er hatte die bemerkenswerte Gabe, Katastrophen des Daseins vorauszuahnen – und vielleicht war es diese Voraussicht, die ihn in den Tod getrieben hat.

Orthodoxe Juden betrachten Selbstmord ganz gewiß als unannehmbare Handlung, die von mangelnder Unterwerfung unter den Willen des Herrn zeugt. Diese Unterwerfungsphilosophie war schuld daran, daß die deutsche »Endlösung« so erschreckend gut gelang. Hitler rechnete mit den Rechtgläubigen. Er – oder eher Eichmann – hatte sich über ihre

Lebenshaltung und Gewohnheiten informiert. Es ist fraglich, ob es gelungen wäre, einen vergleichbaren Völkermord an einer anderen Nation oder Rasse zu begehen, da es möglicherweise niemanden gibt, der sich seinen religiösen Geboten so unterwirft, wie das jüdische Volk. Der Dank für diesen Gehorsam mußte also Demütigung, Deportation und Tod sein.

Die Frage nach Sinn oder Sinnlosigkeit des Lebens nahm absurde Dimensionen an zu diesem Tag, als die Anschuldigung, die Atmosphäre in Dänemark zu vergiften, Haß in vielen Köpfen säte. Auch in meinem. Obwohl ich gerne bereit war, alles zu verdrängen, wenn sich ein Lichtschein, ein ganz kleiner Hoffnungsschimmer zeigen sollte.

Am Abend war die ganze Familie im Wohnzimmer versammelt. Es war ein gemütlicher Abend, und wir hörten Radio, in der Hoffnung auf gute Nachrichten. Aber die Nachrichten waren neutral und zensiert, und keine Hoffnung konnte daraus gezogen werden. Am Nachmittag des gleichen Tages hatten wir vom »Turm« gewaltige Pulks von Bombenflugzeugen über Norddeutschland beobachten können. Die Alliierten setzten ihr Leben aufs Spiel. Um den Schändern der Menschenrechte Einhalt zu gebieten. Und trotzdem stellte ich mir die Frage: Trifft es wirklich die Richtigen?

Mein Abendgebet für die zu Unrecht Gefangenen hatte eine neue Formulierung erhalten. Es galt nunmehr ausschließlich den Opfern der deutschen Vernichtungsmaschine. Ich hoffte, daß sich der liebe Gott wenigstens neutral verhalten würde.

EINE BEGEGNUNG

*W*ie langsam doch die Zeit vergeht, wenn man nicht weiß, was der nächste Tag bringt, wenn man kein festes Programm hat, wenn man im Untergrund nur bei denen lebt, die einem das Leben retten wollen.

Wir zweifelten nun nicht mehr länger daran, daß es das Leben galt – so unfaßbar das auch in dieser schönen, von der Herbstsonne vergoldeten Umgebung war. Wir hatten immer noch keine Verbindung mit Mutter und unserer Schwester. Obwohl wir weite Spaziergänge im Garten der »Anstalt« und draußen über die Felder machten, obwohl wir miteinander redeten, obwohl ich ab und zu etwas las, war es nicht möglich, die Minuten schneller verrinnen zu lassen. Irgendwas mußte geschehen, eine Entscheidung mußte fallen, damit man etwas unternehmen konnte.

Es erreichten uns Gerüchte, daß Transporte über den Øresund stattfanden. Wir freuten uns über jede positive Nachricht. Aber was sollte mit uns selbst geschehen? Wie lange konnten wir es riskieren, uns hier aufzuhalten? Konnte unsere Anwesenheit verborgen bleiben? Würde es nicht eines Tages schief gehen?

Man konnte Poul Gerner-Nielsen anmerken, daß irgendwas im Anzug war. Was das war, konnten wir nicht erraten. Aber er wirkte besorgt, und seine Besorgnis übertrug sich automatisch auf uns. Er war ja nicht nur unsere Rettungsplanke, sondern auch eine Planke von ganz ungewöhnlichem Holz – von einer menschlichen Würde, die keiner von uns vorher irgendwo angetroffen hatte. Daß er sich überhaupt von Besorgnis ergreifen ließ, verhieß nichts Gutes. Am Nachmittag dieses Tages hatten wir eine Aussprache mit ihm.

Es näherte sich jetzt der Augenblick, an dem wir uns entscheiden mußten, ob wir mit dem Boot, in dem man uns Plätze angeboten hatte, nach Schweden übersetzen wollten. Aber es gab nur zwei Plätze, nicht vier.

Ich dachte krampfhaft nach. Der Gedanke, ohne Mutter und Edith in Sicherheit zu kommen, war unerträglich. Ich konnte keine Freude darüber empfinden, daß wir überleben sollten, wenn es ohne sie wäre.

Ich sagte, daß mein Bruder und ich das miteinander besprechen müßten. Alleine. Wir verstanden sehr wohl, daß es undankbar erscheinen konnte, wenn wir ein solches Angebot abweisen würden. Aber auf der anderen Seite lag die größere Verpflichtung in unserem Verhältnis zu unserer Mutter. Wenn wir sie nur hätten anrufen können. Aber das konnten wir nicht.

Der Tag brachte uns einer Lösung nicht näher. Es war vielleicht der längste Tag seit unserer Ankunft in der »Anstalt«. Die ganze Zeit drehte sich alles um die Frage: sollten wir »danke, ja« oder »danke, nein« sagen?

Und währenddessen mußte das Leben weitergehen. Drei Mal am Tag setzten wir uns an den gedeckten Tisch. Obwohl damals Lebensmittelrationierung bestand, entbehrten wir nichts, das Essen war gut, allerdings fühlten wir uns schuldig, daß wir überhaupt aßen: Wie viele bekamen in diesen Tagen so gutes Essen? Wir mußten auch unsere Garderobe in Ordnung halten, wir machten unsere Betten selbst und hielten unsere Zimmer sauber. Aber das war alles so schnell getan. Und die Stunden wollten nicht vergehen.

Am Montag erschienen Pastor Marcussen und seine Frau auf der Bildfläche. Sie waren seit unserer Ankunft schon einmal auf Besuch gekommen, ein Ehepaar, dessen Erscheinung mich sehr an Frau Annie Dragsted erinnerte. Sie waren äußerst liebenswürdig, Mitgefühl sprach aus ihrem ganzen Verhalten.

In den Stunden, in denen wir den ersten selbständigen Beschluß unseres Lebens fassen sollten, hatte Onkel Poul nach ihnen geschickt. Vielleicht hatte er das Gefühl, daß eine solche Last nicht auf so junge Schultern gelegt werden durfte, vielleicht glaubte er, daß so schwerwiegende Beschlüsse nicht ohne Beratung mit anderen getroffen werden sollten. Es mußte jedenfalls ein Beschluß gefaßt werden. Es schien, als ob es hieß: jetzt oder nie! Für die Familie in der »Anstalt« bedeutete unsere Anwesenheit vielleicht eine dauernde Gefahr. Schon hörte man unten in der Stadt reden, daß der Inspektor zwei illegale Gäste versteckt hielt.

Es war in Onkel Pouls Büro, wo wir zusammenkamen. Mein Bruder und ich blieben die ganze Zeit stehen. Dicht nebeneinander. Der Pastor hatte eine Art Hausaltar aufgestellt. Und in diesem Augenblick hatte ich das vielleicht größte Erlebnis meines Lebens: Jemand betete für uns – für meinen Bruder und mich. Betete, daß wir uns zum richtigen Entschluß durchringen möchten. Legte das Ergebnis unseres jungen Willens in Gottes Hände. Er sprach zu Gott, als ob es sich um einen Menschen handelte, der im Zimmer anwesend war.

Ich könnte gerade geboren sein, ich könnte sechzehn Jahre alt sein oder fünfzig, ich lebte oder war vielleicht des Todes, und hier stand ein Mensch vor mir und glaubte fest an den Nutzen seiner Fürbitte. Seine feste und aufrechte geistige Haltung verursachte einen solchen Aufruhr in meinem Inneren, daß ich zum ersten Mal in meinem Leben an eine Begegnung mit Gott glaubte.

Diese Erkenntnis ließ mein Herz schneller schlagen. Sie ließ

Tränen in meine Augen treten. Es fiel mir schwer, meine innere Bewegung zu beherrschen, die mich bedrängte und weinen machen wollte. Ich wollte aber nicht weinen – nicht ein einziges Mal hatte ich geweint, seit mich Hans Walther aus der Geographie-Stunde geholt hatte, denn ich wollte keine Tränen über das Böse vergießen. Aber hier begegnete ich dem Gegenteil, ich begegnete Menschen, die um unseretwillen etwas in Bewegung setzten, die um unseretwillen ein Risiko auf sich nahmen, die um unseretwillen den lieben Herrgott angingen. Das erschütterte mich stärker und tiefer als alles Böse der Welt. Ich wagte nicht, meinen Bruder anzusehen, ich ahnte nicht, was er sich bei all dem dachte, ob er sich klar machte, daß hier ein christlicher Priester in Jesu Namen mit unserem gemeinsamen Gott sprach. Während wir da standen, ergriffen und benommen von dem ungewohnten Ernst, beschloß ich, daß wir nicht aus Dänemark abreisen konnten, sondern daß die kleine Familie von vier Personen, die wir noch waren, zusammenhalten mußte. Zusammen leben oder zusammen sterben!

»Ich wage nicht, ja zu sagen«, sagte ich und fühlte gleichzeitig, daß es diesen Menschen gegenüber undankbar war, daß dieser Satz für sie eine Enttäuschung sein mußte.

»Aber vergiß nicht, es geht um Leben und Tod«, warf Frau Pastor Marcussen ein.

»Es gibt Dinge, die wichtiger sind als das Leben«, antwortete ich.

Wichtiger als das Leben war zum Beispiel, daß man Menschen begegnete wie Onkel Poul und Tante Inga, wie Marcussens, wie all diejenigen, die uns helfen wollten. Was machte es aus, wenn es kein Danach mehr gab, wenn man nur Menschen dieser Art kennengelernt hatte. Meine Gedanken gingen zurück bis zu meinen ersten Schuljahren bei den beiden. Fräulein Christensen, deren Wesen Liebe war, zu Familie Dragsted am Knuths-Weg, zu den drei Lehrern Lund,

Mossing und Svanhof in der Øregård-Schule, zu all den Menschen, die sich durch ihre Lebenseinstellung meinem Gedächtnis eingeprägt hatten, denen meine tiefe Ergebenheit galt. Und es wunderte mich, daß so viel Güte nicht die Macht hatte, den Willen und die Ziele des Bösen zu durchkreuzen. Wäre es anders, dann hätten wir allerdings nicht diesen privaten Gottesdienst in Onkel Pouls Büro gebraucht.

Ich blieb aber unerschütterlich. Ohne Mutter – keine Flucht. Dabei mußte es bleiben. Ich wagte und wollte keine andere Entscheidung.

Die Erwachsenen konnten es nur zur Kenntnis nehmen. Es mußte Gottes Wille sein, wie wäre eine so sichere Stellungnahme sonst zu erklären?

Ich erinnere mich nicht daran, wie wir von Familie Marcussen Abschied nahmen. Eine gewisse Scheu bildete eine Mauer zwischen all den Hilfreichen und denen, denen sie geholfen hatten. Weil das Wort Dank dem niemals gerecht wird, was man im Innersten fühlt. Kein Dank könnte ausreichen angesichts der Hilfe, die wie selbstverständlich ins Werk gesetzt wurde.

Am Abend nach dieser aufwühlenden Begegnung schliefen wir nicht in den Gästezimmern, sondern bei Knud und Tytte auf einer großen Matratze. Der Wind war zu einem richtigen Herbststurm angeschwollen. Der schöne Nachsommer war müde geworden und hatte das Land den Vorboten des Winters überlassen, die um das runde Haus heulten und lärmten und die Angstschreie übertönten, die manchmal vom Patientenflügel der »Anstalt« herübertönten. In der tiefen Dunkelheit sahen wir Flakscheinwerfer den Himmel nach fremden Flugzeugen absuchen. Weit unten im Süden sah man den Feuerschein von Explosionen – wie umgekehrtes Nordlicht!

Wenn wir ja gesagt hätten, dann wären wir in dieser Nacht in einem Boot auf See gewesen, in der Hoffnung auf Rettung.

Aber gerade das Boot, zu dem wir ja sagen sollten, hat sein Ziel niemals erreicht. Das haben wir erst viel später erfahren. Aber diese Tatsache verlieh dem Erlebnis noch nachträglich ganz besondere Konturen.

Wir lagen im Bett und horchten auf den Sturm und waren froh, daß wir nicht mit einem Schiff auf der Ostsee waren. Obwohl wir zu verstehen begannen, daß kein Weg um eine Entscheidung herumführte. Man konnte nicht glauben, daß der Krieg am nächsten Tag wie durch ein Wunder aufhören oder Hitler seine Pläne aufgeben würde. Es war auch wenig wahrscheinlich, daß wir in Dänemark bleiben konnten.

Wir hatten von einigen jungen dänischen Jüdinnen gehört, die eine Ehe mit Nicht-Juden eingegangen waren. Das wäre allerdings ein Ausweg gewesen, der nur meiner Schwester offen stand. Ich selbst war ja bei weitem noch nicht alt genug dafür.

Wir wußten auch nicht, ob diese Vorstellung richtig war. In Deutschland und Polen hatte es sich gezeigt, daß die Ehe keinen Schutz bedeutete, sondern im Gegenteil ein Risiko für den nicht-jüdischen Ehepartner.

1933, als wir nach Dänemark gingen, reiste mein Vater in die entgegengesetzte Richtung – nach Palästina. Ob Mutter die Absicht hatte, ihm eines Tages dorthin zu folgen, wußten wir nicht. Aber er war jedenfalls einigermaßen in Sicherheit, obwohl der Krieg sich auch nach jener Gegend ausbreitete, wo er sich befand. Wir hatten seit 1933 keine Verbindung mehr mit ihm.

Im Jahre 1933 hatte alles damit begonnen, daß wir plötzlich »Ferien auf unbestimmte Zeit« erhielten. Bis dahin hatten wir ein sehr behütetes Leben geführt.

In der Nacht, als Vater abreiste, hatte er einen kleinen Nachtschwärmer für uns gefangen. Der saß in einem Glas, in dessen Deckel Luftlöcher gebohrt waren. Ich erinnere mich ganz deutlich, wie Vater ins Schlafzimmer kam, um meiner

Schwester und mir Auf Wiedersehen zu sagen. Ich hatte schon geschlafen und wachte auf, weil meine Schwester weinte. Sie war neun Jahre alt und verstand, was Abschied bedeutete. Ich verstand jedoch überhaupt nichts davon. Aber ich bemerkte, daß mein Vater Tränen in den Augen hatte. Daß meine Mutter so ernst aussah, das war nicht neu, das dauerte schon längere Zeit so.

Eine kurze Szene im Schlafzimmer! Das einzige, was am nächsten Tag blieb, war der Nachtschwärmer, den mein Vater auf den Tisch zwischen unsere Betten gestellt hatte. An diesem Tag war er aus unserem Leben getreten. Wir sahen ihn erst 1951 wieder. Siebzehn Jahre danach.

In dieser Nacht lag ich wach und stellte mir die Frage, ob er es je erfahren würde, wenn wir sterben müßten – wo und wie es geschehen wäre.

Zwei sanfte Schwestern

5., 6. und 7. Oktober 1943

*W*ir waren verraten worden. Wir konnten nicht in der »Anstalt« bleiben. Ich packte meine Bücher zusammen. Viel mehr war ja nicht zu tun. Es waren fünf Tage vergangen, fünf lange, aber gute Tage. Im Gegensatz zu dem, was wir hätten erleben können, waren wir von Fürsorge und Schonung, von Mitgefühl und Liebe umgeben. Wir hatten keine Entbehrungen gelitten, wir waren im Gegenteil verhätschelt worden.

Wir waren in eine glückliche Familie eingefallen, die ohne Streit und Konflikte zusammenlebte, eine harmonische Familie, deren Mitglieder über die Generationen völlig übereinstimmende Interessen zu haben schienen.

Wir wären gerne dort geblieben, bis der Krieg vorüber war, aber jemand hatte gefunden, daß die Gäste des Inspektors vielleicht Illegale waren. Die Gestapo hatte ihre Ohren überall, auch in Saxkøbing, jedenfalls in Nykøbing auf Falster. Es war sowieso allerlei im Gange, was der deutschen Besatzungsmacht nicht gefallen konnte, und gerade auf Lolland und Falster schien besonders viel antideutsche Aktivität zu herrschen.

Onkel Poul saß in seinem Büro und arbeitete energisch – anscheinend, um einen Ausweg zu finden. Wir frühstückten zusammen, als ob nichts geschehen sei, aber unsere Gespräche waren nicht mehr von Optimismus getragen. Wir hatten immer noch keine Verbindung zu Mutter, und es schien als ob alle Kontakte auf unergründlichen Umwegen und über vertrauenswürdige Mittelsmänner liefen. Am Nachmittag war dann offensichtlich eine Lösung in Aussicht.

Wir sollten dieser Stätte, die uns so ans Herz gewachsen war, Lebewohl sagen. Wir wußten, daß die intensive Freude über den Aufenthalt dort von großer Wehmut überschattet wurde. Hier ließen wir etwas zurück, noch ehe wir es uns zu eigen machen konnten. Die Unsicherheit verstärkte das Empfinden für das Unfaßbare – für das Jetzt, das schon im Werden von der Angst zerrissen wurde, und von dessen Kristall in der Erinnerung nur die hellsten Facetten zurückblieben.

Der Höhepunkt unserer Flucht war der Abschied.

Sie brachten uns ins Freie, wir gingen links um den »Turm« herum, und sie begleiteten uns bis zum Feldweg, der über die angrenzenden Äcker bis zum Gemeindeweg hinaus führte. Am Ende des Feldwegs würden wir ein Taxi antreffen, sagten sie. Wir sollten nicht zurückschauen, wenn wir losgingen.

Wir umarmten uns, und ich hatte das Verlangen, mich an unseren Gastgebern der letzten Tage festzuklammern, mit ihnen zu verschmelzen oder mich auf der Stelle aufzulösen, damit mir das erspart bliebe, was uns bevorstand. Aber ich beherrschte mich.

Wir gingen dicht nebeneinander, mein Bruder und ich. Wir weinten beide. Ich weiß nicht, warum gerade dieser Abschied uns zum Weinen brachte, wo wir die Tränen doch so viele Tage zurückgehalten hatten. Aber es war, als ob hier auf dem einsamen Feldweg nicht so viel Tapferkeit nötig war. Hier konnte uns niemand sehen. Hier verlangte niemand von uns zu lächeln oder zu hoffen. Nach rechts und links, so weit das Auge reichte, breiteten sich braune, klumpige Furchen der Äcker aus. Der Winter hatte den Boden bereits mit seiner Kälte berührt, das Leben verlangte nach Ruhe, wollte in Erdschollen erstarren, ehe es wieder mit Korn und Fruchtbarkeit hervorbrechen würde. In der graubraunen Landschaft gingen wir – ich glaube in großer Trauer. Mein Bruder trug seinen Geigenkasten und eine Tasche, ich meine Schultasche. Wir fühlten uns sehr klein in dieser Landschaft. Das Gefühl der Verlassenheit war bedrückend.

Es dauerte nicht länger als eine Viertelstunde, bis wir den Kühler des Taxis am Ende des Weges erblickten. Jetzt war wieder Beherrschung nötig.

Der Fahrer war eine Fahrerin. Das hatte ich noch nie zuvor gesehen. Sie war ziemlich kräftig, eine braune Lederjacke saß stramm über ihrem Rücken, zu stark gefestigtes, grausträhniges Haar kräuselte sich unter ihrer Chauffeursmütze. Ihre Augen verschwanden fast hinter den runden, rotgefleckten Wangen, die ihr ganzes Gesicht beherrschten.

Obwohl sie freundlich lächelte, hatte ich plötzlich Angst vor ihr. Gesetzt den Fall, sie wäre gar nicht die richtige, sondern eine Verräterin, die herausbekommen hatte, wann wir hierher kommen sollten? Warum hatte man uns nicht gesagt, wie sie hieß? Welche Zulassungsnummer ihr Wagen hatte? Wo wir hin sollten? Wir waren völlig einer Regelung ausgeliefert, die nicht mit uns abgesprochen war.

Es blieb uns aber keine andere Wahl, als mit ihr zu fahren. Es war ein Wagen mit einem Holzgasgenerator, der sich unter merkwürdigen Geräuschen vorwärts bewegte. Der Geruch des verbrannten Holzes hing in den groben, grauen Bezügen der Sitze und verfing sich in unseren Haaren, beizte unsere Augen. Draußen war frische Luft, aber es war etwas bedeckt. Ich versuchte mir zu merken, wo wir fuhren, aber es schien, als ob alles einander glich: Gemeindewege, Landstraßen, kleinere Feldwege, die weißen Fachwerkhöfe mit ihren Nebengebäuden und Windschutzhecken... nur wer hier geboren war und jeden Stein auf den Höfen kannte, wäre fähig gewesen, sich den Weg zu merken.

Ich hatte mir nicht vorgestellt, daß Lolland so groß war. Ich konnte mir nicht denken, warum es besonders praktisch sein sollte, ins Innere der Insel zu fahren, fort von der Küste, wenn es doch die Küste war, an der unsere Rettung – wenn überhaupt – beginnen sollte. Entfernungen sind schwer zu berechnen, wenn man mit 30 Stundenkilometern fährt. Die Dämmerung war schon eingetreten, als wir endlich unser Ziel erreichten und es sich zeigte, daß wir uns doch dem richtigen Chauffeur anvertraut hatten. Zwei schlanke, fast dürre Damen empfingen uns. Wie sich später herausstellte, waren es pensionierte Krankenschwestern, die einen kleinen Bauernhof besaßen. Außer den beiden Damen selbst befanden sich auf dem Hof zwei Mitarbeiter. Zu dem niedrigen Wohnhaus, dessen Strohdach wenig Licht nach innen ließ, gehörten ein Stückchen Land, ein Hühnerhof und einige Wirtschaftsgebäude.

Mein Bruder, so wurde vorgegeben, sei gerade von einer ernsten Hirnhautentzündung genesen. Ich, seine robuste und gesunde Schwester – beim besten Willen hätte ich nicht vorgeben können, ich sei krank – sei mit ihm zu diesem Erholungsaufenthalt gekommen, um ihn ein wenig zu unterhalten, ihm vorzulesen, als eine kostenlose Gesellschaftsdame aus der nächsten Familie.

Die Mitarbeiter unserer Gastgeberinnen durften nicht wissen, wer wir waren, und wir wußten nicht, wer sie waren. Je weniger wir wußten, desto weniger könnten wir im Falle eines Falles aussagen.

Die Zeit bei den beiden sanften Schwestern lief für mich in eins zusammen. Keine Stunde des Tagesablaufs unterschied sich von der des Vortags, alles verlief nach einem bestimmten Muster: die Mahlzeiten pünktlich zu den vorgesehenen Zeiten; wir durften nicht nach draußen, solange es hell war; nur abends in der Dämmerung war ein kleiner Spaziergang um das Haus erlaubt.

Es war zunehmender Mond. Die schmale Mondsichel stand

klar am hellen Abendhimmel. Es hingen keine Blätter mehr an den niedrigen Büschen, die eine Hecke um das Grundstück bildeten. Aber das Feld war groß genug, um in uns die Vorstellung zu wecken, daß eine RAF-Maschine hier landen könnte, um uns abzuholen und nach England zu fliegen. Das war unser schönster Traum. Wir träumten ihn im Wachen, während unserer Gespräche auf den Spaziergängen an den wenigen Abenden, die wir in den Häuschen auf Lolland zubrachten.

Später habe ich mir ausgerechnet, daß das Haus in der Nähe von Søllested gewesen sein muß, aber sicher weiß ich es nicht. Ich habe es nie wiedergesehen.

Wir hatten viele Stunden Zeit. Wir hätten uns gern nützlich gemacht, aber es gab nicht viel, was wir tun konnten. Ich habe dort viel gelesen. Es war, als ob die Schule zu etwas Unwirklichem geworden war. So sehr ich auch daran dachte – an die neunundzwanzig Gesichter, an die Schulstunden, an die Lehrer – ich konnte mir die Atmosphäre schon fast nicht mehr ins Gedächtnis rufen. Alles war zu etwas Fernem geworden, und ich ahnte, daß ich nicht mehr dorthin zurückkehren würde. Instinktiv begriff ich, daß ich soviel studieren konnte, wie ich wollte, daß ich das aber nur tat, um mich selbst zu trösten. Ich würde nicht mit dabeisein, wenn die Øregård-Abiturienten meines Jahrgangs in weniger als zwei Jahren ihre weißen Mützen erhielten. Ungewiß war, ob ich dann überhaupt noch leben würde. Ungewiß, wofür man sich abmühte, um Cicero oder Daudet oder Faust zu übersetzen, wenn man doch keinen Nutzen davon haben würde. Hoffnungslosigkeit stellte sich bei uns ein. Und wir hatten immer noch nichts von Mutter gehört.

Es war sehr still um das Strohdachhaus. Ab und zu hustete ein Auto, ein Lastwagen oder ein Milchwagen am Hof vorbei. Wir horchten dann immer angespannt und ängstlich. War man uns auf der Spur? Gab es jemanden, der sich die Mühe machte, sich wegen uns beiden in Bewegung zu setzen? Würden sie vor dem Hof anhalten? Was konnten die beiden netten Damen sagen? Über Kräfte verfügten sie nicht. Allerdings über die Klugheit der Liebe. Wir fühlten uns verhältnismäßig sicher. Aber waren doch ängstlich. Jetzt wußten wir, was es hieß, verfolgt zu sein. Gleichzeitig verstanden wir aber auch, wie viel Glück wir gehabt hatten – in einem Land zu wohnen, dessen Bevölkerung bereit war, die Anschläge auf uns abzuwehren. Diese Erkenntnis vermittelte uns eine besondere Kraft, eine Art Glücksgefühl – trotz der Angst.

Wenn es dort ein Klavier gegeben hätte, hätte ich vielleicht eine kleine Melodie gespielt. Mein Bruder rührte seine Geige nicht an. Wir warteten, warteten nur.

NACHTS IM FISCHERHAFEN

*A*m Freitagnachmittag hielt draußen ein Auto an. Nervös spähten wir durch die Gardinen. Es sah wie ein Taxi aus. Es war dunkelrot. Ein Ford, sagte mein Bruder. Ich verstand nichts von Automarken. Mein Herz schlug heftig. Was wollte das Auto hier?

Drei Tage waren seit unserem Abschied von Saxkøbing und Onkel Poul und Tante Inga verstrichen. Es kam mir vor, als ob es drei Jahre gewesen wären. Und jetzt hielt da ein Auto. Ein Fremder stieg aus und ging zum Wohnhaus und sprach mit einer der beiden Schwestern. Auch den zwei sanften Schwestern haben wir niemals Dank sagen können. Aber vielleicht statteten wir unseren Dank dadurch ab, daß wir uns so sicher fühlten in den nicht ganz achtzig Stunden, die wir bei ihnen wohnten.

Wir müßten sofort abreisen, wurde uns mitgeteilt. Wir dürften kein Gepäck mitnehmen. In dieser Nacht sollte ein Schiff kommen, mit dem wir mitfahren konnten. Wir wurden nicht gefragt, ob wir wollten oder nicht. Es war ein Marschbefehl.

Kein Gepäck. Wir hatten sowieso nicht viel. Einige Bücher mußten zurückbleiben. Aber die Literaturgeschichte, Latein, Deutsch und mein Zeugnisheft – und natürlich das Geschichtsbuch, die mußten mit, ohne die konnte ich nicht leben.

Mein Bruder durfte etwas Unterwäsche und ein paar Strümpfe in seinen Geigenkasten stopfen. Keine Noten von Mendelssohns Violinenkonzert – existieren die nur in meiner Vorstellung oder befanden sie sich wirklich bei den zurückgelassenen Sachen? Ich besaß sowieso keine anderen Kleider als die, die ich anhatte, als wir von zu Hause abreisten. Ich war immer noch mit ihnen zufrieden, sie waren in den fast zehn Tagen noch nicht schmutzig geworden.

Der Fahrer stand mit eingezogenem Kopf in der niedrigen Tür des Wohnhauses. Die beiden Schwestern waren um uns. Sie wollten so gerne helfen, aber ihre Hände wußten nicht, wohin. Sie waren auch vom Fluchtfieber ergriffen. Sie liefen um uns herum, aber es gab nicht viel zu tun. Kein Gepäck, das ist leicht zusammenzupacken.

Die Benommenheit, die ich schon am ersten Tag auf dem Nachhauseweg von der Schule wie einen Rausch empfunden hatte, ein Sensations- oder Erlebnisrausch, ergriff von mir Besitz. Die Erregung jagte kalte und heiße Wellen durch mich hindurch.

Mein Bruder war sehr bleich, aber auch völlig ruhig. Seine Augen waren weit aufgerissen. Er war sich dessen wohl nicht bewußt. Vielleicht sahen mich diese Augen an, um zu ergründen, was ich wohl empfand. Wir hatten keine so starke Bindung zu diesem Haus entwickelt wie zur »Anstalt«. Vielleicht aus instinktiver Furcht, daß wir uns noch einmal unter Schmerzen würden losreißen müssen. Unvermeidbar losreißen.

Wir wurden verfolgt. Jemand trachtete uns nach dem Leben. Es war nicht zu begreifen. Wir hatten doch nichts getan! Wir hatten immer für uns selbst gesorgt. Mutter hatte keine Rechnungen offenstehen, weder beim Kaufmann noch beim Milchladen, wir schuldeten niemandem etwas, aber wir hießen Sarah und Israel infolge eines Erlasses aus Deutschland. Wir waren staatenlos, obwohl wir uns ganz als Dänen fühlten. Wir hatten in Dänemark Wurzeln geschlagen und klammerten uns gefühlsmäßig an die zehn Jahre, die wir hier gelebt hatten – die wichtigsten zehn Jahre unseres jungen Lebens. Und jetzt stand ein Auto draußen.

»Es ist ein Ford«, sagte mein Bruder mit der ihm eigenen Beharrlichkeit. Ich konnte dazu keine Meinung äußern. Es war mir auch gleichgültig. Denn plötzlich entdeckte ich, daß meine Mutter und meine Schwester hinten im Auto saßen!

Unsere beiden Gastgeberinnen standen dicht beieinander und winkten so heftig. Als ob uns das helfen könnte! Ich verstand, daß das ihre Fürbitte für uns war. Sie wurden kleiner und verschwanden, als der Wagen um die Kurve fuhr.

Mein Bruder und ich saßen auf Klappsitzen, mit den Gesichtern meiner Mutter und meiner Schwester zugewandt. Mir schien, daß meine Mutter klein geworden war. Ihre großen grauen Augen lagen tief, die Züge um ihren Mund waren wehmütiger denn je.

Ediths Lackkoffer war durch ein zusammengeknotetes Tuch ersetzt worden, ein richtiges Bündel, wie man es auf Abbildungen in Büchern bei Flüchtlingen sah, die ihre letzten Habseligkeiten darin mitführten. Wir waren wirklich Flüchtlinge, mit kleinen Bündeln, in denen wir unser liebstes Hab und Gut mitführten, das wir nicht zurücklassen wollten.

Mutter erzählte: Sie hatten in einem Keller auf Engestofte gewohnt. Alle waren sehr freundlich zu ihnen gewesen. Man hatte verbreitet, sie seien Stubenmädchen. Zum Schein hatten sie auch ab und zu beim Reinemachen und Staubwischen geholfen. Aber der Sohn der Gutsbesitzer hatte eines Tages zu ihnen gesagt: »Ich möchte Ihnen sagen, daß wir Ihre Freunde sind. Wir wollen Ihnen helfen.«

Bei ihnen im Keller wohnte auch ein großer Schäferhund. Mutter war keine Heldin was Hunde betraf, aber mit diesem Hund ging alles gut. Seine stumme Ergebenheit hatte sie ihre Furcht vergessen lassen. In Deutschland hatten wir selbst einen Schäferhund namens Lotte gehabt. Als Lotte Junge bekam, wurde sie aggressiv und mußte eingeschläfert werden, weil sie jemanden ins Bein gebissen hatte. Das war für uns damals eine traurige Erfahrung. Vielleicht freundete sich Mutter in Erinnerung an Lotte mit dem braven Hund an.

Wir sprachen nicht viel während dieser Fahrt. Wir blickten hinaus in die schöne Herbstlandschaft, die vorüberzog. Sie sah aus wie eine bunte Malerei. Es kam uns absurd vor, daß alles so ordentlich und sonnendurchtränkt war, während wir vier im Auto – wieder eines dieser klapprigen Holzgastaxis – das Entsetzen der Ungewißheit durchlebten.

Keiner von uns wußte, wo wir hinsollten. Der Fahrer hatte Mutter eine Beruhigungspille angeboten, die sie sofort zurückwies. Sie fürchtete, daß sie müde davon würde. Sie sagte, daß sie für uns vier Tabletten bei sich hatte, für den Fall, daß es notwendig wäre. Aber wir sahen keine Notwendigkeit, irgendwelche Pillen zu schlucken.

Ich betrachtete die Landschaft und wunderte mich über ihre Schönheit, die nicht uns gehörte. Es war mittlerweile spät am Nachmittag. Wir fuhren und fuhren. Die Fahrt schien endlos.

Endlich erreichten wir das erste Ziel unserer Flucht. Der Wagen bog in eine großzügige Auffahrt ein und hielt auf einem Platz, wo schon viele andere Autos dicht beieinander parkten, wie vor einem Konzertsaal oder Theater. Auto neben Auto. Das Versammlungsverbot von mehr als drei Personen schien an diesem Ort nicht befolgt zu werden. Hohe Bäume standen wie Wächter rund um den Platz. Es war der Vorhof des Bischofssitzes der lutherischen Landeskirche in Nykøbing auf Falster, wie sich gleich herausstellen sollte.

Der Fahrer, dessen Namen wir nicht kannten, schien wohl unterrichtet zu sein. Er hielt die Tür für uns auf, er wußte, daß wir hier erwartet wurden.

»Merken Sie sich meine Nummer und wo ich stehe«, sagte er.

Das klang vernünftig, denn in dem großen Wirrwarr der parkenden Wagen ein und desselben Typs würde es nicht leicht sein, einen bestimmten Wagen wiederzufinden, wenn man nicht aufpaßte. Allerdings waren nicht viele dunkelrote Autos darunter, das machte die Sache etwas einfacher.

Wir stiegen aus und gingen ins Gebäude. In diesem Augenblick befand sich sonst niemand auf dem Vorhof. Der Fahrer blieb bei seinem Wagen. Wir hatten unsere wenigen Habseligkeiten aus dem Auto mitgenommen. Wir wußten ja nicht, was nun weiter geschehen sollte.

Wir gingen eine breite Steintreppe hinauf, kamen in eine Halle und von dort in ein großes helles Zimmer mit vielen hohen Fenstern. Fast der ganze Raum wurde von einem gewaltigen Tisch eingenommen. Und rings um den Tisch standen viele Menschen in kleinen Gruppen, die miteinander redeten. Einige von ihnen kannten wir flüchtig. Sie nickten uns zu. Ich glaube, daß wir uns alle ein bißchen genierten, weil wir diese erniedrigende Stunde mit anderen teilen sollten, die uns nicht so nahe standen oder zur Familie gehörten.

Alle Altersgruppen waren vertreten. Ich bemerkte auch einige, die als orthodoxe Juden bekannt waren. Das machte einen um so größeren Eindruck auf mich, weil wir uns gerade an diesem Tag und zu dieser Stunde am Vorabend des Großen Versöhnungsfestes, Jom Kippur, befanden, am Beginn der Fastenzeit von vierundzwanzig Stunden. Für die wirklich orthodoxen Juden mußte es eine zusätzliche Beleidigung sein, daß sich die deutsche Besatzungsmacht gerade die Tage zwischen Rosch Haschanah – dem jüdischen Neujahr – und Jom Kippur ausgesucht hatte, um ihre »Säuberungsaktion« durchzuführen. Die Orthodoxen durften das Gesetz nicht übertreten. Es waren deshalb vor allem die frommen Juden, die der deutschen Razzia zum Opfer fielen, die, welche sich nicht vorstellen konnten, die Feiertagsrituale zu verletzen. Von deutscher Seite war das eine raffinierte, perfide Berechnung. Höchsten Orts kannte man die Pietät, die das religiöse Leben der Orthodoxen sogar in Dänemark prägte, wo ein großer Teil der jüdischen Bevölkerung liberal eingestellt, wenn nicht gar völlig assimiliert war.

Am gegenüberliegenden Ende des Saals befand sich eine Tür zu einem anderen Zimmer, vermutlich zum Arbeits- oder Vorzimmer des Bischofs. Fremde Leute traten zu uns und gaben meiner Mutter die Hand. Es wurde nur geflüstert. Als ob man Staatsgeheimnisse bespräche, als ob nicht alle Anwesenden genau wüßten, worum es sich handelte: Mutter wurde in ein Nebenzimmer gebeten. Ich ging mit ihr hinein. Ich fühlte, daß sie Schutz brauchte. Andererseits wußte ich, daß ich zu jung war, um ihr zu helfen.

»Hier bezahlen alle für alle«, sagte ein etwas mürrischer Herr mit Halbglatze, der hinter einem Schreibtisch saß, meiner Mutter halb zugewandt. »Haben Sie Geld bei sich?«

Das hatte sie natürlich. Sie wäre sonst nicht unsere Mutter gewesen. Woher sie die Voraussicht hatte, einige der Wertpapiere bei sich zu tragen, die normalerweise im Bankdepot liegen, weiß ich nicht. Jedenfalls hatte Mutter Aktien im Wert von gut sechstausend Kronen bei sich.

Sie lieferte alles ab, was sie besaß, gut 1500 Kronen für jeden von uns. Während ich zusah, hoffte ich, daß viele der hier Anwesenden, die kein Geld besaßen, von diesem Opfer profitieren würden. Ein Opfer war das nämlich ganz gewiß, da Mutter keine Arbeitserlaubnis hatte und dies ihre eiserne Reserve war.

Ich überlegte, wer all dieses Geld erhielt. Vielleicht der Mann, der uns mit seinem Boot übersetzen sollte. Oder die Deutschen, die bestochen werden mußten, damit sie still hielten. Oder dänische Polizeibeamte, die nichts sehen durften. Ich wußte es nicht. Ich wußte nur, daß eine Summe auf den Tisch lag, von der Mutter unseren Lebensunterhalt mindestens zwei Jahre hätte bestreiten können.

Mutter erhielt eine Quittung, die sie in ihre Handtasche steckte. Ich konnte ihr nicht ansehen, was sie dachte oder fühlte. Aber in diesem Augenblick bedauerte ich sie mehr als je zuvor und irgendwann danach im Leben. Denn ich wußte, wie redlich und ehrliebend in Geldsachen sie war, wie besessen sie auf ihre Unabhängigkeit achtete, um ohne Schulden, auch ohne Dankesschuld zu bleiben. Ich verstand, daß die Kosten in gewisser Weise viel mehr als sechstausend Kronen betrugen. Aber ich verstand gleichzeitig auch, daß das Geschehen hier seinen Preis hatte. Es war der Preis fürs Überleben.

Wir kamen wieder heraus zu den anderen, nachdem unsere Namen notiert worden waren. An einem Ecktisch standen einige Damen und teilten Butterbrotpakete aus. Jeder mußte eines nehmen. Vier Butterbrotpakete und vier Fahrkarten für die Reise über den Sund zu je fünfzehnhundert Kronen. Und in den Saal mit den hohen Fenstern, der mit nervösen, aufgeregt redenden Menschen mit feuchten Händen, gefärbten Haaren und erstarrtem Lächeln vollgepackt war, fiel die Sonne, die sich in breiten, staubflimmernden Bahnen dem Horizont näherte, als ob das alles völlig normal wäre und es sich eigentlich nicht lohnte darüber zu reden. Wir wußten alle, daß wir morgen zur gleichen Zeit wohl schon in Schweden sein würden, wenn alles gut ging. Wir hatten längst Abschied von unserem gewohnten Alltag genommen, sogar von unserem Leben, aber doch die Hoffnung nicht aufgegeben. Wir hofften immer noch zu überleben, und waren bereit, alles zu tun, um *denen* zu helfen, die *uns* helfen wollten. Wir waren bereit, uns so klein zu machen, damit man uns nicht sah, wir wollten den Atem anhalten, damit man uns nicht hörte, wir wollten unseren Herzschlag anhalten, damit niemand die Angst bemerkte, die unser Häuflein beherrschte. Ich dachte darüber nach, ob wir alle zur gleichen Zeit im gleichen Schiff hinüber sollten, denn dann würde man ein ziemlich großes Schiff brauchen. Ich glaube, wir waren gegen zweihundert

Leute. Ich konnte mir nicht vorstellen, wie das gehen sollte. Wir standen mit unseren Bündeln herum, und das Ganze begann sich schon aufzulösen. Wir hatten jeder unser Butterbrotpaket in den Händen, aber an Essen dachten wir nicht. Wir dachten eine gute Stunde voraus, wenn die Dunkelheit kommen würde, in deren Schutz die Flucht erfolgen sollte. Unsere Blicke wanderten hinaus durch die hohen Scheiben. Ging dort draußen etwas vor sich, das Grund zur Besorgnis gab? Die Autos standen beängstigend eng beieinander. Ich konnte unseren Fahrer sehen und die dunkelrote Farbe seines Autos. Das beruhigte mich. Er stand dort und sprach mit zwei anderen. Sie sprachen sicher über ihre merkwürdige Fahrt. Sie mußten Mitglieder einer Organisation sein, sonst hätte man sie nicht für diese Aufgabe herangezogen. Wer hatte so weit gedacht, ihnen Beruhigungspillen mitzugeben? Wie konnte man wissen, daß sich keine feindlichen Elemente eingeschlichen hatten, die jetzt vielleicht dort draußen auf dem Platz warteten?

Es kamen immer mehr Menschen an. Da waren zwei junge Familien, jede mit einem Säugling. Die Kinder schliefen. Es war die Rede davon, ihnen Schlafmittel zu geben, damit sie weiter schliefen. Mir begannen die Arme vor Mitleid mit den Müttern zu schmerzen. Ich hätte während der Überfahrt gern ein solches Kind in Armen gehalten, wenn mich jemand damit beauftragt hätte. Aber niemand brauchte meine Arme. Meine einzige Aufgabe war, einen stark reduzierten Stoß Bücher und ein Butterbrotpaket zu halten und mich bei Mutter einzuhängen.

Wir setzten uns nicht. Ich weiß nicht, warum. Es gab viele freie Stühle. Aber es war, als ob alle zu rastlos waren, um zu sitzen. Die Sonne ging hinter den hohen laublosen Pappeln unter, die um den Garten des Bischofssitzes Wache standen. Die gedämpften Gespräche machten ein Geräusch wie kochende Kartoffeln, die jemand vergessen hatte vom Feuer zu nehmen. Wir waren wie ein Instrument mit vielen Saiten, auf das jemand ein Sordino gesetzt hatte, damit keine unerwartet schrillen Töne die Nerven des Publikums überreizen sollten. Niemand wußte etwas, alle sprachen Vermutungen aus, es gab Gerüchte aus Kopenhagen, wer verhaftet worden war, wer noch dort war, wer sich verheiratet oder sein Haar gefärbt hatte. Zwischendurch riß jemand einen Witz (niemand kann schönere antisemitische Witze erzählen als die Semiten selbst – mit lachender Duldsamkeit gegenüber der Perfidie und sogar der Geistlosigkeit) und niemand sagte: was bin ich nervös!

Aber wie entnervt und ängstlich waren wir tatsächlich!

Mutter hatte die Gewohnheit, »den Mund zu spitzen«, wie ich es nannte, wenn sie etwas nicht ertragen konnte. Gerade in diesem Augenblick spitzte sie den Mund, ihre Augen waren tief nachdenklich, aber sie war immer bereit für ein entgegen-kommendes Lächeln. Ich erinnere mich, daß ich stets wünsch-te, sie würde nie alt und den runzligen Damen, die man in der Straßenbahn sah, ähnlich werden – selbst in dieser Aufbruch-stimmung war sie noch unverändert schön. Mutter war keine besonders praktische Mutter. Sie hatte vor ihrem dreiund-dreißigsten Lebensjahr, als sie nach Dänemark kam, niemals Essen gekocht. Sie hat es auch nie gelernt. Sie war nie praktisch in dem Sinne, daß sie verstanden hätte, warum einen nichts so gut über die Probleme der Jugend hinweghalf wie gutes Essen. Dagegen war sie eine philosophische Mutter. Sie philosophierte stundenlang mit uns! Sie sprach mit uns über alles, sie stellte uns Aufgaben, geistige Herausforderungen verschiedener Art. Wir sollten unsere Köpfe gebrauchen! Wenn wir mit ihr die Ryvang-Allee hinunter spazierten, hielt sie unsere Gedanken unablässig mit Rechenkunststücken und Ratespielen in Gang. Sie brachte uns bei, Bridge zu spielen, als wir elf Jahre alt waren. Sie musizierte mit uns. Auf allen diesen Gebieten war sie eine Könnerin. Aber sie hatte kein Vergnügen daran, Essen zu kochen. Die allererste Mahlzeit, die wir in Dänemark vorgesetzt bekamen, als wir unsere eigene Wohnung bezogen hatten, war eine Suppe, die so versalzen war, daß der Löffel darin stand. Aber sie hatte eine glückliche Veranlagung, lachend über kulinarische Katastrophen hinwegzugehen. Noch heute hat sie keine Ahnung von den Geheimnissen einer leckeren braunen Soße. Dafür fehlte es ihr nie an der Gabe, uns schön und zweckmäßig zu kleiden, trotz der beschränkten Mittel, die ihr nach der Emigration zur Verfügung standen.

Für uns, die wir fast von Anfang an daran gewöhnt waren, sparsam zu sein, war es schwer zu verstehen, welche Umstellung es für unsere Mutter, die eine Millionärstochter war, gewesen sein mußte, daß sie rechnen und nachrechnen, daß sie einen Haushaltsplan aufstellen und Monat für Monat mit einer bestimmten Summe auskommen mußte. Drei Kinder zu kleiden, Telephon, Miete, Essen, Fahrkosten zu bezahlen – das war alles etwas Neues und Unbekanntes für sie, als wir nach Dänemark kamen. Wenn wir unsere Freunde auf Besuch hatten, bekamen wir Roggenbrot mit Apfelmus, das mit etwas Zucker verfeinert war – eigentlich eher Apfelsaft. Aber es schmeckte herrlich, obwohl es vom Brot herunterlief und wir die Hände ablecken mußten, damit nichts verloren ging. Kochkünstlerin – nein! Lebenskünstlerin – das ja! Und nun standen wir hier in einem Bischofssitz bei Nyköbing auf Falster. Unser Vater am anderen Ende der Welt, in Tel-Aviv, Großvater tot, Mutters Geschwister in alle Winde zerstreut, und dasselbe galt für die Familie meines Vaters.

Es wurde rasch dunkler im Saal. Draußen war es noch etwas hell, als wir auf ein Zeichen unser Gepäck nahmen und zu den Autos hinaus gingen.

Ich erinnere mich, daß ich sehr darüber verwundert war, daß so viele Autos auf einmal vom gleichen Ort abfahren sollten. Ich konnte nicht verstehen, daß die Deutschen nicht mißtrauisch wurden. Vielleicht kam das daher, daß hier ein Mann der Kirche wohnte.

Unser Fahrer winkte uns eifrig zu. In der Eile des Aufbruchs ließ ich das Butterbrotpaket liegen, das man mir so fürsorglich in die Hand gegeben hatte. Aber ich fühlte keinen Hunger und hätte sowieso nichts essen können. Wir stiegen ins Auto. Mehrere Wagen fuhren gleichzeitig los. Wir bogen aus dem Hof nach rechts. Alle fuhren in verschiedene Richtungen davon. Die Fahrt dauerte lange. Der Abend wurde im Wald zur Nacht, aber der Mond leuchtete ruhig und milchweiß und war trotz seiner Schönheit unser ärgster Feind. Ob der Fahrer mit uns im Kreis fuhr, um Zeit zu überbrücken, weiß ich nicht, aber wir fuhren unendlich lange. Manchmal, wenn ich zurückschaute, konnte ich dunkle Gestalten sehen, die Schlagbäume hinter uns schlossen – wir fuhren durch Wälder, wo die Durchfahrt verboten war, private Wälder mit Schleichwegen, die nur der Fahrer kannte. Einige Stunden später erreichten wir einen Holzlagerplatz, der zum Hafen von Hestnaes auf Falster gehörte, wie sich bald herausstellte.

Hier war unsere Fahrt zu Ende. Im Hafen lagen vier Fischkutter nebeneinander. Mit einem von ihnen sollten wir mit.

Es war ganz still. Kein Wind. Es war so dunkel, wie es bei Mondlicht möglich ist. Hinter den Holzstapeln tiefer Schatten, aber der Platz davor lag im silbernen Licht.

Eine Menge unbekannter Gestalten bewegten sich in der eigenartigen Beleuchtung. Aber niemand sprach. Ich bekam einen Schrecken, als ich plötzlich einen Uniformierten sah. Bald stellte sich jedoch heraus, daß es sich um einen dänischen Polizeibeamten handelte. Er sollte auch mit nach Schweden. Von hier liefen also die Schiffe ins Leben aus.

Der Fahrer wollte hundert Kronen für die Auto-Fahrt. Mutter erschrak fürchterlich. Sie hatte alles, was sie an Geld und Wertpapieren besessen hatte, im Bischofshof abgegeben.

Sie konnte den Wagen nicht bezahlen. Aber der dänische Polizeibeamte kam ihr zu Hilfe und zahlte, was der Taxameter anzeigte. Daran hatte keiner von uns gedacht. Wir glaubten, daß der Fahrer von den Organisatoren angeheuert worden war. Daß die Bezahlung schon geregelt war.

Er wünschte uns viel Glück und fuhr davon. Wir wissen nicht, wer er war, oder was er dachte. Aber er verriet nichts. Wenn er noch lebt, soll er wissen, daß sein Einsatz mehr wert war, als die hundert Kronen, die sein Taxameter anzeigte. Mutter dankte dem Polizeibeamten, der den Dank zurückwies. Das wäre ja noch schöner! sagte er und lächelte.

Wir standen da mit unseren Bündeln, zusammen mit anderen Menschen mit ähnlichen Bündeln. Er herrschten eine vibrierende Nervosität und Herbstkälte – ob es das eine oder das andere war, das uns zittern machte diese Nacht, läßt sich nicht sagen. Wir gingen nach hinten an die schwarze Schattenseite der Holzstapel und hofften, daß die Dunkelheit uns so lange wie nötig decken würde. Denn niemand von uns wußte, wie lange wir dort bleiben mußten. Wir hielten uns nah beieinander wie Tiere einer Herde. Es lag ein gewisser Trost darin, daß wir so viele waren. Und daß wir alle fest daran glaubten, daß wir am nächsten Morgen in einem anderen, nicht besetzten Land frei sein würden.

Unter den vielen Schattengestalten hinter den Holzstapeln befand sich auch ein großer blonder Mann. Ein Saboteur, vermuteten wir. Er sagte, er werde einen kurzen Urlaub machen. Aber ich komme wieder zurück, meinte er. Ich sah in bewundernd an. Er war Anfang zwanzig. Er war jung und unerschrocken. Man konnte trotz der Dunkelheit sehen, daß er aufmunternd lächelte. Die Situation machte ihm keine Angst. Es war, als ob er das schon viele Male erlebt hätte. Als ob es für ihn ein persönliches Vergnügen war, die Besatzungsmacht zum Narren zu halten.

Seine große Gestalt strahlte Ruhe und Sicherheit aus, eine

Ruhe, die sich auf mich übertrug. Ich war plötzlich nicht mehr ängstlich. Solange er in der Nähe war, konnte nichts schief gehen. Und ich hoffte, daß auch der Rest unserer Familie das spürte, so daß sie nicht länger von etwas anderem als der Herbstkälte zu zittern brauchten.

Aber es war wohl ziemlich unvernünftig zu erwarten, daß meine Familie in diesem verrücktesten aller Augenblicke die gleiche Verwandlung wie ich durchmachen sollte – denn was ich in jener Stunde an jenem Ort nicht erfaßte, das war, daß ich drauf und dran war, mich in all meiner Verzweiflung zu verlieben.

Lange warteten wir, ein schweigsamer Haufen. Die Kälte der Nacht kroch an uns hoch und begann ihr Zerstörungs-werk. Einige begannen Hunger und Durst zu spüren, haupt-sächlich weil es nicht möglich war, etwas zu bekommen. Die Angst davor, daß die Deutschen plötzlich auftauchen könn-ten, trug auch dazu bei, daß wir alle gedemütigt und jämmer-lich aussahen. Aber wir mußten uns zusammennehmen. Wir waren eine große Gruppe von etwa achtzig Personen und wollten denen, die uns retten sollten keine Schwierigkeiten bereiten.

Die Mondsichel stand ruhig und klar am nachtblauen Himmel. Der Waldboden zwischen den Holzstapeln knirsch-te und knarrte unter den vielen ungeduldigen Menschen, die versuchten, sich ein wenig aufzuwärmen, indem sie von einem Fuß auf den anderen traten. Ihre Herzen klopften, und es war ein Wunder, daß daraus kein großes Dröhnen entstand, das die Aufmerksamkeit des Feindes weckte. Einige gaben die damals beliebten Warteschlangen-Witze zum besten. Man-ches waren wir schon gewöhnt durch das ewige Schlange-stehen in drei Kriegsjahren. Aber keiner von uns hatte vorher je auf einem Hafenplatz gewartet, von dem die Fahrt ins Leben oder in den Tod beginnen sollte. Keiner von uns hatte sich träumen lassen, daß ein Tag kommen würde, an dem uns

Kutter der dänischen Fischereiflotte in Sicherheit bringen sollten. Dänemark würde es niemals treffen, hatten wir alle zusammen gedacht, geglaubt und gehofft. Und Dänemark ließ sich auch nicht unterkriegen. Aber wir waren Spielfiguren im Abwehrmanöver, und jetzt galt es ernst.

Es kam Bewegung in die kleinen Gruppen hinter dem Holz. Die Seeleute kamen zum Hafen herunter. Den Kaffee hatten sie hinter sich. Und der Schlachtplan, der Reiseplan und die Papiere mit der Genehmigung, in der Ostsee zu fischen, lagen bereit. Drei von ihnen rauchten Pfeifen. Zwei waren ziemlich alt. Stahlgraues Haar.

Es wurde nicht viel geredet.

Wir wurden in Gruppen aufgeteilt. Wir kamen alle vier in das Boot, das am weitesten draußen im Hafen lag.

Es waren einige sehr alte Frauen dabei, und die beiden Säuglinge. Die waren so still, daß man meinen konnte, sie seien tot. Meine Mutter und meine Schwester wurden in der Kajüte untergebracht, wo einige Kojen für die allerschwächsten zur Verfügung standen. Ich bekam nie zu sehen, wie es dort war. Mein Bruder brachte die Nacht teils über, teils unter Deck zu, aber nicht in meiner Nähe.

Zusammen mit dem großen blonden Saboteur und einem anderen jungen Mann wurde ich unter Deck im Ballastraum hinter dem Motor des Kutters verstaut. Wir mußten uns seitwärts an der Bordwand entlang drücken, um am Treibriemen vorbeizukommen. Große Wackersteine lagen unordentlich auf den Schiffsplanken. Die Decke war so niedrig, daß man nicht aufrecht sitzen konnte.

Wir legten uns quer über die Steine. Aus dem Raum konnte man am Motor vorbei in die silberblaue Nacht hinaus sehen. Noch war alles still. Schritte gingen an Deck über unseren Köpfen hin und her. Ich rätselte darüber, ob wir die Luke während der ganzen Fahrt offen lassen durften, damit frische Nachtluft zu uns dringen und uns am Leben halten konnte.

Er lag an meiner Seite, zusammengekrümmt. Der Raum war zu kurz für seine langen Beine. Ich lag quer über zwei großen Steinen. Es war äußerst unbequem. Ich drehte mich zur Seite und sah in seine Augen. Sie schienen im Dunkeln zu leuchten. Er lächelte mir zu. Plötzlich merkte ich, daß wir da im Dunkeln lagen und uns an der Hand hielten. Und ich war bei weitem nicht so ängstlich, wie ich eigentlich hätte sein müssen.

Es war kurz vor elf Uhr, als der Schiffer den Motor anließ. Fast gleichzeitig liefen die Motoren aller anderen Boote an, und die kleine Flotte verließ den Hafen.

Fieberhaft schnell pochten die Motoren des Kutters, und die bangen Herzen im Laderaum pochten mit im Takt. Die Reise ins Leben – oder in den Tod – begann.

WARUM IST DIESE NACHT ANDERS
ALS ALLE ANDEREN NÄCHTE?

*V*or mehreren tausend Jahren wanderte das jüdische Volk aus dem Ägypten der Pharaonen aus. Es war eine Flucht. Eine geglückte Flucht. Zur Erinnerung an diese Flucht wird heute noch das jüdische Osterfest gefeiert, mit dem das christliche Osterfest zeitlich fast genau zusammenfällt. *Pesach*, wie das jüdische Ostern genannt wird, umfaßt viele rituelle Handlungen. Dazu gehört auch das Einleitungsritual am ersten Abend mit einem Dialog zwischen dem Familien-Ältesten und dem Jüngsten der Familie. Der Dialog besteht aus Fragen und Antworten: Die Frage des Jüngsten fordert den Ältesten auf, zu berichten, was *Pesach* eigentlich für ein Fest sei, warum es gefeiert wird, und warum diese Gedächtnisnacht anders ist als alle anderen Nächte.

Einst war ich das jüngste Familienmitglied. Eine Stunde jünger als mein Bruder. Mein Großvater mütterlicherseits lehrte mich diesen Dialog auf hebräisch, und ich kann ihn noch heute auswendig, obwohl die hebräischen Wörter selbst für mich keine andere Bedeutung mehr haben als eine Erinnerung.

Ich erinnere mich daran, daß die Abende bei Großvater ausnehmend gemütlich waren. Wir bekamen herrliches Essen, alle waren froh und in guter Stimmung, bereit, den Augenblick zu genießen und alle Probleme von sich zu schieben. In der Emigration hatte sich das jüdische Volk so über die Befreiung vom ägyptischen Joch gefreut, daß sich diese Freude über die Jahrtausende hinweg von Generation zu Generation übertragen hat. Bei dem Volk, das sich für auserwählt hält – nicht zur Größe, sondern zum Leiden – hat die Freude über die Befreiung aus dem Joch der Unterdrücker und Kindermörder Jahr für Jahr, selbst unter schlimmsten äußeren Bedingungen, eine starke Resonanz im *Pesach-Fest*.

Wir in unserer Familie waren keineswegs orthodoxe Juden. Mein Großvater mütterlicherseits hielt an vielen alten Gebräuchen fest, aber Mutter hatte sich längst von der Vorstellung freigemacht, daß sie ihre Kinder vom Einfluß unseres Gastlandes fernhalten könnte. Sie war realistisch genug zu sehen, daß wir bei der Wahl von Schul-Freunden und Interessen unter anderen Einflüssen standen. Sie persönlich war sehr liberal und absolut nicht fanatisch, was die Religion betraf, und ihre spontane Freude über die dänische Gastfreundschaft trug auch dazu bei, daß wir keinerlei Probleme in ethischer oder religiöser Hinsicht hatten. Wenn ich als Pfadfinder in die Kirche ging, hatte sie nichts dagegen. Andererseits war mein Bruder natürlich in der Synagoge konfirmiert worden – auch weil Großvater damals noch lebte, der alles andere für widernatürlich gehalten hätte. Ich glaube auch, daß Mutters Begegnung mit einigen großartigen Dänen einen gewissen Eindruck auf sie gemacht und in hohem Maß zu ihrer toleranten Lebenshaltung beigetragen hatte, die auf uns abfärben mußte.

All das verhinderte jedoch nicht, daß wir die traditionellen jüdischen Feiertage hochhielten, während wir gleichzeitig voller Freude Weihnachten und Ostern und andere dänische Feste mitfeierten.

Ich war in meinen jungen Jahren tief beeindruckt, daß mein Großvater sich Mühe gab, mich Hebräisch zu lehren und in die Geschichte unseres Volkes einzuführen. Die orientalischen Melodien, die den Psalmen unterlegt waren, fand ich sehr schön, und von den mir unverständlichen Texten ging eine mystische Faszination aus.

Die herrlichen *Seder*-Abende haben mich stark geprägt. Warum Mutter und Großvater an solchen Abenden oft unbändig und herzlich lachten, konnte ich allerdings nicht begreifen. Vielleicht hat der Rotwein seinen Teil dazu beigetragen.

Entscheidend war für mich, daß es jedes Jahr mir zukam, die Frage zu stellen: »Warum ist diese Nacht anders als alle anderen Nächte?« Diese Frage kam mir plötzlich in ihrer ganzen Einfachheit in den Sinn, als ich in jener Nacht zwischen dem achten und neunten Oktober, als der Mond so hell schien, quer über zwei großen ovalen Ballast-Steinen hingestreckt lag und ein großer fremder Junge meine Hand hielt, während meine Augen das Auf und Ab der Kolben des Schiffsmotors beobachteten und meine Ohren vom anmaßend lauten Pochen der Maschine gequält wurden. Diese Nacht war anders, weil alles so schön war im Verhältnis zu dem, womit das Schiff dahinfuhr: ein jämmerliches Häuflein Menschen, deren Herzen krank waren vor Heimweh nach dem Land, dessen Küste langsam außer Sichtweite geriet. Deren Seelen sich gegen die erzwungene Trennung von ihrer Heimat sträubten, weil sie zweifelten, ob sie nicht doch etwas Vernünftigeres hätten anstellen können, als zu flüchten. Aber Heimat war ein erschlichener Wert, das Vaterland war nicht wirklich das Land der Väter, es war ein Gastland für Flüchtlinge. Aber wir mußten es verlassen, wenn wir nicht sterben wollten. Und wir wollten und durften nicht sterben.

So anders als alle anderen Nächte wurde diese Nacht. Kein Abendessen, kein Badezimmer, kein Bett mit reinen Laken, kein Kissen und keine Daunen. Keine Milch am Nachttisch. Keine Nachrichten im Radio und kein illegaler Sender:

»Liebe Amalie, vielgeliebtes Weib«... die Sendung von der Ostfront (eine Errungenschaft der deutschen Widerstandsbewegung während des Krieges). Wir hörten diese Sendung jeden Abend und verstanden, daß es auch anständige Deutsche gab, die mit Geist und Energie bekämpften, was in Europas Mitte vorging.

Ein Ballastraum hinter dem Motor eines kleinen Fischkutters, dessen Rumpf vom steten »Tong-Tong-Tong« widerhallte. Der Lärm, erst von vier Booten, dann nur noch von unserem eigenen. Die anderen waren fortgefahren und nicht mehr zu hören. Ein kleiner Kutter in ruhigem Wasser. In unbarmherziges Mondlicht getaucht. Sichtbar für alle. Hörbar für alle. Und unter Deck sechzehn Menschen, die trotz des Motorenlärms kaum zu atmen wagten, weil sie Angst hatten, entdeckt zu werden.

Schiffe können nicht schleichen – ohne Motor können sie nicht fahren. Wir hatten also keine andere Wahl.

Der Boden im Ballastraum war feucht und hart. Ganz sauber war er auch nicht. Es gab nicht viel Platz, um sich zu bewegen. Wir wurden schnell müde von der verdrehten Stellung. Die Spannung verhinderte, daß wir zur Ruhe kamen.

Wie der Schiffer hieß, wußten wir nicht. Wir ahnten kaum, wie er aussah. Es war ein Mann in mittleren Jahren, kräftig gebaut. Er rauchte Pfeife.

Es war merkwürdig, wie wenig wir darüber wußten, wie wir bis dahin gekommen waren. Abgesehen von der »Anstalt« und von Engestofte, wo meine Mutter und meine Schwester gewesen waren, schien alles anonym. Die beiden, mit denen ich den Raum teilte, wußten auch nichts. Oder vielleicht wußten sie Bescheid, wollten aber nichts sagen?

Wer hatte das Auto für uns geschickt? Wer hatte die gemeinsame Abfahrt vom Schutenhafen hinter dem Holzplatz organisiert? Nicht einmal den Namen des Bischofs, der uns sein Haus so großzügig zur Verfügung gestellt hatte, kannten wir. Wer waren die Männer, die die Schlagbäume in den privaten Wäldern auf und zu machten, wo die Durchfahrt sonst verboten war? Wer war es, der im Büro das Geld entgegengenommen hatte; an wen verteilte er es, und nach welchen Regeln?

Eine anonyme Organisation, eine namenlose Hilfsorganisation, deren unbekannte Hände Menschenleben retteten. Eine spontane Rettungsaktion unbekannter Helden, denen nachher niemand Dank sagen konnte, weil man nicht wußte, wer sie waren. Junge und ältere Dänen, die vor dem Risiko nicht zurückschreckten – und der grausamen Menschenjagd im eigenen Land nicht passiv zuschauen wollten.

Unsichtbare Drähte, Kode-Mitteilungen, einige mußten miteinander beraten haben, um das alles in Gang zu setzen… ohne Bestechung einiger Deutscher war das wohl nicht abgegangen!

Und jetzt fuhren wir durch die Nacht, mit Kurs auf Süden – auch das geplant und durchdacht. Der Schiffer hatte eine Fanggenehmigung für bestimmte Seegebiete. Wer hatte sie erteilt, wer hatte seine Papiere gestempelt? Was würde geschehen, wenn eine deutsche Patrouille an Bord kam?

War der Mann böse oder gut?

Wir hatten viel Zeit nachzudenken. Die Minuten vergingen so langsam. Hier unten konnten wir nicht sehen, ob das Schiff vorankam oder im Kreis fuhr; ob die Küste bereits außer Sicht war und wir von hier noch an Land schwimmen konnten, falls es nötig wäre. Wir hatten keine Binde vor den Augen, aber der niedrige Raum war schlimmer als eine Augenbinde. Gut, daß da die schmale Öffnung für die Keilriemen war – frische Luft strömte von dort zu uns herein. Ich hoffte, daß die Öffnung nicht verschlossen würde. Es würde hier drinnen sehr schnell schwer werden, zu atmen. Ab und zu konnten wir ein kleines Stück vom unteren Horn der Mondsichel sehen, oder einen einzelnen Stern, der sich vom Mondlicht nicht überstrahlen ließ.

Die Nacht war so still – und der Motor so laut. Die Sinne überscharf angespannt – das Gehör will hören, was noch zu hören ist; die Augen wollen sehen, was ihnen nur die Angst vorgaukelt.

Wir liegen gekrümmt. Wie beschwerlich muß das für ihn sein, der um so viel größer ist als ich. Wir liegen mit den Gesichtern halb gegeneinander gekehrt und unterhalten uns.

»Wenn man bloß raufgehen könnte und eine einzige Zigarette rauchen.«

»Ich rauche nicht. Aber ich bin hungrig.«

»Ich kann Dir nichts anbieten.«

»Ich habe mein Butterbrotpaket liegen gelassen. Da hatte ich noch keinen Hunger.«

»Tut mir leid.«

»Warum muß du nach Schweden? Du bist doch kein Jude.«

»Nein, aber wir gehen abwechselnd immer mal nach drüben. Ich war erst vorige Woche dort.«

»Wie bist du wieder zurückgekommen?«

»Es war ganz einfach. Völlig legal. Ich habe einen Paß.«

»Wie ist es in Schweden?«

»Wunderbar. Überall Licht. Am Abend. Die sind ja neutral. Aber die wollen bestimmt eure Pässe sehen, sobald ihr ankommt.«

Sobald ihr ankommt. Er war nicht im Zweifel. Er sagte nicht »wenn« oder gar »falls«.

»Ich glaube nicht, daß wir Pässe haben, wir sind staatenlos, weißt du. Mutter hat bestimmt nicht daran gedacht.«

»Wo ist deine Mutter?«

»Hier im Boot, am andern Ende. Zusammen mit meiner Schwester. Mein Bruder ist auch irgendwo im Boot.«

Das andere Ende des Schiffes war wie das andere Ende der Welt. Wir konnten nicht miteinander reden, nicht miteinander in Verbindung treten. Solange der Motor lief, konnten wir nicht einmal an Deck.

»Da war jemand, der hat für uns gebetet, ehe wir abgereist sind. Glaubst du, das hilft?«

»Weiß ich nicht! Nein, eigentlich glaube ich nicht! Wenn das helfen würde, würde nicht so viel Gräßliches in der Welt geschehen.«

»Es geschieht ja auch viel Gutes. Es ist doch etwas Gutes, daß wir schon mal bis hier gekommen sind.«

»Na ja.«

»Aber warum gerade wir? Warum nur wir? Warum nicht alle?«

»Eben – warum nicht alle? Zum Teufel noch mal, da kannst du's ja sehen…«

Es gab keinen Beweis. Und ich konnte nichts sehen. Ich wußte nur, daß ein Mann ein Fischerboot steuerte, und weiter hin, über den Sund und die Ostsee verteilt, steuerten andere Männer andere Fischerboote, die alle Menschen unter Deck hatten, die sie vor dem Verderben retten wollten. Das sah ich, und das war gut. Besonders vor dem Hintergrund dessen, was nicht gut war. Und plötzlich kam mir ein Gedanke: Wenn Hitlers System des Bösen nicht halb Europa dominiert hätte, dann hätte es auch niemals eine Gelegenheit gegeben, herauszufinden, wie großherzig und selbstlos Menschen sein konnten. Hätte es keine Besetzung gegeben, hätte sich auch kein so starker Zusammenhalt entwickelt! Ohne Krieg keine Träume vom Frieden! Ohne Gewalt keine Hoffnung auf Liebe!

Warum waren wir so? Und warum tierischer als jedes Tier? Und warum manche selbstlos und manche machtbesessen?

Ich konnte das menschliche Mosaik nicht verstehen, nicht einmal in dieser Nacht, in der alle meine Sinne geschärfter waren, in einer Nacht, in der ich horchte und Geräusche zu hören glaubte, die es nicht gab, in der ich in die Dunkelheit spähte und Visionen hatte.

Dicht an meiner Seite ein junger Mann, der die Tour schon einmal gemacht hatte! So dicht bei mir, wie noch nie ein Mann zuvor. Aber in einer unmöglichen Situation. Und dennoch fühlte ich seine Nähe und wünschte, daß der Ballastraum ein Zimmer wäre und die Wackersteine weiche Kissen. Und daß kein Dritter auf der anderen Seite läge. Dann hätte ich meine Arme um ihn gelegt und über viel mehr gesprochen, als in dieser Nacht gesprochen werden konnte. Ich war verwundert über meine Gedanken und meine Gefühle und konnte nicht verstehen, daß ich keineswegs besinnungslos vor Angst war, sondern sehr viel stärker vom festen Willen getragen, weiter zu leben. Oder eher: daß nichts wo wichtig war, wie das Leben.

Das Fischerboot bahnte sich seinen Weg durchs Wasser, unmerklich schlich die Zeit dahin. Nach und nach wich die Angst. Einige mögen sogar in Schlaf gefallen sein. Von den beiden Säuglingen, die wir an Bord hatten, hörte man nichts. Einige der Passagiere ließ der Schiffer an Deck. Meilenweit konnten sie nichts sehen außer der See mit ihrem Muster kleiner Wellen, in dieser Nacht ganz ohne Schaumkronen. Es war kaum Wind. Gegen Süden huschten ab und zu Suchlichter am Horizont entlang. Während der Fischkutter seine Menschenfracht in die Freiheit schaffte, gingen andere in Schmerzen im Flammenmeer unter.

Ich konnte nicht schlafen. Die Nacht war so groß. Es war unmöglich, das Erlebnis zu begreifen. Warum gab es mich überhaupt? Wer hatte bestimmt, daß ich Jude sein sollte? Wer wußte, was ich glaubte? Ich glaubte ebensosehr ans Neue Testament, wie an das Alte. Ich glaubte an Gott und auch wieder nicht. Denn ich konnte nicht verstehen, was es nützen sollte, wenn auf beiden Seiten gebetet wurde und der liebe Gott nicht neutral sein konnte, so wie die Schweden. Daß uns jemand morden wollte, uns und viele andere, das war einfach unfaßbar für mich. Daß jemand meinte, wir vergifteten die

Atmosphäre mehr als andere, oder waren häßlicher als andere, weshalb wir sterben mußten… so konnte man doch in einem aufgeklärten Jahrhundert nicht argumentieren. Eigentlich war ich ja selbst davon überzeugt, daß ich häßlich war. Aber so furchtbar häßlich doch nun auch wieder nicht – wo es doch immer wieder jemanden gab, der mit mir tanzen wollte.

Mein langes kupferfarbenes Ballkleid war zurückgeblieben. Niemand würde es je mehr brauchen. Hier im Boot jedenfalls wäre es zu nichts nütze gewesen. Ballkleider sind überhaupt ziemlich unnütz.

Er war eingeschlafen, der blonde Mann an meiner Seite. Er atmete ganz leicht, aber seine Hand hielt immer noch die meine umschlossen. Ich wagte nicht, sie an mich zu ziehen, obwohl ich das Bedürfnis hatte, mich zu bewegen, eine andere Stellung einzunehmen, mich zusammenzukrümmen, denn ich bekam Schmerzen in der rechten Seite. Aber ich wollte ihn nicht wecken. Daß er schlafen konnte in dieser Stunde, in dieser Nacht! Daß er so ruhig und sicher war, daß ihn keine Angst wachhielt! Aber er war ja erwachsen und hatte die Tour schon einmal mitgemacht. Das erste Mal war es gut gegangen. Wer sagte, daß es auch diesmal gut gehen würde?

Es zog vom Zwischenraum zwischen dem Motor und der Wand des Ballastraumes her. Die Kälte schlich über den Boden und unter mein dünnes Kleid aus Maximalstoff. Das Kleid wurde zerdrückt und schmutzig vom Aufenthalt hier, aber das hatte keine Bedeutung. In meiner Jackentasche fand ich einen abgebrochenen Kamm und kämmte mein langes Haar. Es war schon furchtbar verfilzt. Ich hatte es seit unserer Abreise von der »Anstalt« nicht mehr gewaschen. Meine Hand lag immer noch fest in seiner, obwohl er schlief. Der Dritte im Raum schlief ebenfalls. Es war ganz still. Ich konnte das Wasser an der Bordwand hören. Ich stellte mir vor, wie der Kiel des Fischerbootes das nachtblaue Wasser pflügte. Ich dachte nur an mich selbst und was geschehen würde, wenn die

Deutschen kämen. Ich dachte darüber nach, ob ich sie bezirzen könnte. Schamlos wie eine Hure hätte ich jede Möglichkeit zur Flucht genutzt. Wenn mir jemand Gift besorgt hätte, um es im entscheidenden Augenblick einzunehmen, wäre das sinnlos gewesen, denn ich wollte leben. Gerade in dieser Nacht wurde mir mein Körper zum ersten Mal bewußt, ich begehrte einen schlafenden Mann, der nicht ahnte, was in mir vorging.

Gute und böse Menschen. Gute Menschen. Böse Menschen. Böse und gute und verwirrte Menschen. Und dann so viele dumme Menschen. Ich dachte, daß die meisten dumm sein müßten. Weil so viel Böses gelingen konnte. Einige mußten aber auch klug sein. Klugheit und Bosheit waren eine gefährliche Mischung. Die gefährlichste von allen. Wer hatte sich Hitler ausgedacht? Unmöglich, daß er von Gott geschaffen war. Aber von wem sonst? Dachte derjenige, der dafür verantwortlich war, ebenso wenig wie anscheinend Gott an all die Menschen, die in dieser Nacht von anderen in Sicherheit gebracht wurden, die das Gute wollten? Und warum haben alle eine solche Angst vor dem Sterben?

Ich starrte an die Decke, die grauem Mörtel glich und von ungehobelten Planken zusammengehalten wurde. Ich dachte, daß ich später vielleicht Kinder haben würde. Und ich wollte nicht hoffen, daß die jemals mit einem Schiff fliehen mußten. Selbstmitleid stieg in mir auf, denn jetzt mußte ich endlich meiner Gymnasialzeit Ade sagen. Glaubte ich. Wenn ich eines Tages ein Kind bekam, wollte ich es in den Arm nehmen und mit ihm so still liegen, wie jetzt mit dem fremden Geliebten. Ich liebte ihn ja in meiner Verwirrung. Und es sollte Ruhe und Geborgenheit von meiner Hand auf mein Kind ausstrahlen, wenn ich überlebte und jemals eins haben sollte. Und ich wollte ihm niemals erzählen, daß es Jude war. Ich würde allen sagen, daß sie es ihm nie verraten dürften. Denn man kann manches totschweigen. Man braucht ja niemals zu denken, daß man noch etwas anderes ist, als man selbst. Niemand sollte daherkommen und behaupten, daß ich die Atmosphäre vergiftete oder sonst etwas Böses tat. Das habe ich nie getan! Das Selbstmitleid wuchs an zu einem tiefen Schmerz, der von der Wunde ausging, die mir zugefügt worden war, als ich am 3. Oktober die Zeitung las. Fast hatte ich diese Wunde vergessen über all dem, was seither geschah. In dieser Nacht, die so anders war, hatte ich Zeit nachzudenken. Denn es waren erst zweieinhalb Stunden vergangen. Ich konnte immer noch die Mondsichel sehen und einen bleichen einsamen Stern…

Plötzlich blieb der Motor stehen. Eine furchtbare Stille dröhnte durch den Raum. Sie erwachten beide, er, dessen Hand ich hielt, und der andere.

In der Stille vibrierte eine Unruhe, eine steigende Angst. Zuerst hatte man noch einen weiteren Motor gehört, der wie ein Echo ebenfalls aussetzte. Jetzt hörte man nur noch das Wasser gegen die Bordwand klatschen, ein sachter, spielerischer Laut, der an träge Brandungswellen am Badestrand erinnerte. Aber wir befanden uns mitten auf hoher See draußen. Es war Nacht, Oktobernacht 1943.

Vor Schreck hatte ich seine Hand losgelassen, aus Angst, sie zu zerdrücken. Niemand sollte wissen, wie erschrocken ich war.

Wir konnten es nicht nur hören, von unserer Ecke aus konnten wir es auch sehen, daß der Motor nicht mehr lief. Wenn wir absolut gewollt hätten, hätten wir uns auch am Motor vorbeidrücken und an Deck und nach draußen kommen können. Wir hatten es alle drei nötig, etwas frische Luft zu schnappen. Aber in diesem Augenblick war das wohl keine gute Idee.

Es wurde kein Wort gesprochen. Wir konnten nicht sehen, was los war. Aber wir konnten Vermutungen anstellen. Ein Vorpostenboot, das längsseits kam, klare Befehle. Dann die ruhige, ein wenig schleppende Stimme des Schiffers. Er war ziemlich wortkarg.

Das ganze spielte sich Backbord ab. Ich strengte mich übermenschlich an, um zu hören, ob uns irgendwas verraten könnte. Ich stellte mir einen dicken Deutschen vor, der nicht in den Ballastraum paßte. Aber er konnte hineinschießen. Ich erwartete mit Bangen ein Kinderweinen, aber es war nichts zu hören. Es war so still, als ob das Schiff in Watte gepackt wäre. Kein Laut drang heraus. Nichts geschah. Dabei hätte unser Herzklopfen, zusammen genommen, uns schon verraten können.

Eine Ewigkeit später tuckerte das andere Boot davon. Seine Motorengeräusche waren viel hastiger als unsere. Sie klangen, als ob es Fieber hätte. Bei uns war es noch lange ganz still. Ich konnte Schritte an Deck hören. Und wie der Schiffer oder sein Gehilfe den Wasserstand der Ostsee erhöhten. Ich wünschte, ich wäre ein Junge gewesen. Ich hätte mich hinaufgeschlichen und ihnen Gesellschaft geleistet. Aber solche Bedürfnisse sind unangebracht in solchen Momenten.

Es dauerte eine ganze Zeit, ehe wir uns selbst wieder in Bewegung setzten, »Tong, tong, tong, tong« klang es hinaus auf das Meer. Der Mond hatte sich höher in den Himmel erhoben, er wirkte kleiner und wie eine scharfe Sichel und warf ein hartes Licht übers Wasser. Ein Lichtstreifen fiel durch die Öffnung in der Wand in unsere Höhle, der Keilriemen lief wieder. Der Stern war verschwunden.

Es war unmöglich, auf dem unebenen Boden entspannt zu liegen, ich fing an, mich am ganzen Körper wund und matt zu fühlen. Ich wußte, daß eine Gefahr überstanden war, und wir der Rettung jetzt mit jedem dröhnenden Tong des Motors näher kamen. Aber hier unten war der Motorenlärm ohrenbetäubend, der Geruch von Öl und Salzwasser bereitete mir Übelkeit. Hunger und Durst hatte ich auch. Ich war unverschämt genug, Forderungen ans Leben zu stellen: Ich träumte von einer Tasse dampfend heißem Tee. Noch intensiver träumte ich von einem WC. Den Gedanken, mich den anderen diesbezüglich mitzuteilen, habe ich jedoch von vornherein verworfen. Ich konnte mir unmöglich das Bild meiner selbst, das sich aus Tapferkeit und Durchhaltevermögen zusammensetzte, von ganz normalen menschlichen Bedürfnissen zerstören lassen.

Ich legte mich so gut wie möglich auf den Rücken, die Hände unter den Kopf gefaltet, und starrte hinaus ins Nichts. Dort sah ich Bilder von Menschen, die ich kannte, von Träumen, die ich geträumt hatte, von Situationen, in denen ich eine gewisse Nebenrolle gespielt hatte. Ich dachte an die Tausende, die diesen Seeweg zurückgelegt oder andere Routen genommen hatten. Und an all diejenigen, die am Langelinje-Kai an Bord von Deportationsschiffen gebracht worden waren. Wieder und wieder kreisten meine Gedanken um die Frage, wie ich selbst mich wohl verhalten hätte. Wieder meldeten sich die selben Fragen mit neuer Gewalt:

Warum ist diese Nacht anders als alle anderen Nächte?
Warum sitzen wir in dieser Nacht zurückgelehnt?
Warum essen wir in dieser Nacht nur ungesäuertes Brot?
Warum mußten wir schon damals aus Ägypten fliehen?
Warum glauben wir nicht, daß Jesus der Messias ist?
Warum heißt der Messias Jesus?
Warum sind so viele Menschen, die ich kenne, so gut, wenn offensichtlich so viele Menschen, die ich nicht kenne, so böse sind?

Was bin ich selbst? Böse oder gut oder böse und gut oder weder böse noch gut? Jedenfalls bin ich egoistisch, soviel ist sicher, oder? Sonst würde ich nicht hier auf den harten Steinen liegen und so viel an mich und an den Mann an meiner Seite denken, den ich wohl lieben könnte. Ich täte besser daran, vor Kummer und Mitgefühl zu weinen über all die anderen, die nicht gerettet wurden. Aber statt dessen scheine ich mich nur dafür zu interessieren, daß ich selbst gerettet werde, daß ich lebe. Also bin ich böse.

Ich bin auch ein wenig bange. Ich denke zu wenig an meine Mutter und meinen Bruder. An meine Schwester denke ich gar nicht. In Wirklichkeit kann ich sie nicht einmal sehr gut leiden, weil sie schöner ist als ich. Dafür kann sie ja nichts. Sie hat auch schon mehrere Männer geliebt. Aber das ist keine Kunst, wenn man so schön ist – und drei Jahre älter als ich!

An so etwas denke ich, anstatt mir über all diejenigen Sorgen zu machen, die in dieser Nacht vielleicht sterben müssen; die erschossen werden, obwohl sie nichts getan haben, obwohl sie die Atmosphäre nicht mehr vergiftet haben als ich. Ich traure nicht. Ich bin nur ein bißchen ängstlich. Und auch erregt bei dem Gedanken, daß mich der Mann an meiner Seite möglicherweise auch begehrenswert findet. Ich liege in dem engen niedrigen Raum und ziehe Bilanz – wie für den Jahres-Abschluß einer Buchhaltung. Dabei weiß ich nicht, ob dies das Ende oder der Anfang ist.

Eine andere Bilanz ziehe ich auch immer wieder und wieder: Wenn Hitler und seine Handlanger nicht so böse wären, würden andere keine Gelegenheit haben, Gutes zu tun. Gäbe es die Dunkelheit nicht, bräuchten wir kein Licht. Paradox, der Mensch ist paradox!

Viele haben vor mir solche Gedanken gehabt. Ausgerechnet in dieser Nacht kann ich sie verstehen. Wenn der Mensch nicht paradox wäre, würde ich nicht mit unter dem Kopf verschränkten Händen im Ballastraum eines Fischkutters liegen und an die grobmörtelgraue Decke starren, würde mir nicht übel sein vom Geruch nach Öl und Fisch und Tang und Salzwasser. Ich hätte auch keine Stiche in der Seite und Schmerzen im Unterleib, weil die Kälte durch Fugen und Ritzen in den Raum kriecht. Vielleicht wäre ich tot oder halbtot auf dem Weg in die berüchtigten Konzentrationslager, an unbekannten Orten in Polen oder Deutschland. Wenn ich nicht zufällig Jüdin wäre, würde ich vielleicht jubelnd und mit wehender Hakenkreuzfahne an einem Siegesmarsch teilnehmen, mit dem Volk, das dann mein Volk wäre, dem weisgemacht wird, daß eine eklatante Niederlage ein Sieg ist.

Bilanz.

Erste Bilanz meines Lebens.

Anders als alle anderen.

Und die Nacht schlich langsam voran. Fast völlig windstill. Und viel zuviel Mondschein. Und das, was sich wie Wellenschlag anhörte, war vielleicht das Seufzen der Welt über den Zustand der Welt.

Die allerlängste Nacht meines Lebens. In der die Angst keine Angst mehr war, sondern ein Seiten-Stechen. In der die Hoffnung zu einem Herzschlag im Rhythmus des Schiffsmotors wurde. In der sich die Lebensbejahung in einem blondhaarigen Saboteur personifizierte. In dieser Nacht war die Dankbarkeit ein unzustellbarer Brief, weil alle Helfer anonym blieben, auch der Schiffer, dieser breite, nicht mehr ganz junge Mann mit seiner Pfeife.

Was war mit der großen Zahl unbekannter Hände, die Schlagbäume bedienten, Taxis riefen, Beruhigungspillen besorgten, Butterbrote schmierten (die andere dann liegen ließen), die Türen ihrer Wohnungen öffneten und schlossen und damit ihr Leben aufs Spiel setzten. Paradox!

Der Klang des Motors wurde leiser, der Kutter verlor an Fahrt – anscheinend, weil wir an etwas vorbeischleichen mußten. Was war das?

Draußen hörte man keine anderen Motoren. Der Mann an meiner Seite setzte sich in die Hocke, kroch nach vorn und spähte hinaus. Der Motor blieb ganz stehen. Es schienen keine Feinde in der Nähe zu sein, keine von Menschen ausgehende Gefahr. Er machte sich noch dünner und schob sich am Motor vorbei. Er blieb eine ganze Weile fort. Mit tastenden Fingern stellte ich im Dunkeln fest, daß zwei Ölflecken an mein dunkelrotes Kleid gekommen waren. An der linken Seite. Aber das war nicht schlimm, zwischen zwei Falten. Wer weiß, ob sie überhaupt zu sehen waren.

Er kam zurück.

»Eine Mine«, sagte er. »Mit denen läßt sich schlecht verhandeln. Sie schwimmt nur zehn Meter vom Schiff entfernt.«

»Kann man sie nicht wegstoßen?«

»Man kann gar nichts tun. Auf die Strömung hoffen, und daß sie in die andere Richtung treibt.«

»Kann man sie sehen?«

»Es ist eine Treibmine. Das meiste davon ist sichtbar.«

Ich sah sie vor mir. Schwarz mit Hörnern, wie ein körperloser Teufel. Wie dumm für uns, wenn sie alles zerstören würde. Ein ganz gewöhnlicher Unglücksfall. Nicht einmal historisch interessant.

Neue Angst. Warten bis sie forttreibt. Oder den Kutter forttreiben lassen. Motor abstellen, kein Risiko eingehen.

Ich dachte an die älteren Menschen im Achterschiff. Schliefen sie, oder erlebten sie alles mit? Waren sie wach? Hatten sie bemerkt, daß der Motor wieder ausgesetzt hatte?

Der Schiffer hatte längst von seiner vorgeschriebenen Route abgedreht. Er sollte vor der nordostdeutschen Küste fischen, wahrscheinlich in der Nähe von Warnemünde. Längst hatte er den Kurs geändert. Der Mond stand nicht mehr voraus, sondern achtern, es ging Richtung Norden zur Südspitze Schwedens.

Am besten wäre es, in Trälleborg zu landen, sagte mein blonder Nebenmann. Es schien, daß er über alles Bescheid wußte. Er kannte wohl auch den Schiffer. Erst am zweiten Oktober wurde die schwedische Polizei von der Überführung der dänischen Juden informiert. Jetzt steht sie in fast allen Häfen im Süden Schwedens bereit, um die Flüchtlinge zu empfangen. Die Leute kommen in den merkwürdigsten Fahrzeugen, von Zweimann-Kajaks über Segel- und Ruderboote bis zu Fischkuttern, wie dem unseren. Es ist unglaublich, daß es auch an Stellen funktioniert, wo die Überfahrt nur eine knappe Stunde dauert.

»Wurden die deutschen Wachen bestochen?«

»Dafür bin ich nicht zuständig. Aber ich glaube schon. Jedenfalls verhindern sie die Überfahrt nicht. Es ist merkwürdig, daß es gut geht.«

»Wie viele haben sie gefaßt?«

»In der Zeitung steht, daß sie alle erwischt haben. Aber das ist eine schwarze Lüge. Sowas drucken die nur, um ihren Führern zu Hause im Reich zu gefallen. Noch weiß niemand, wie viele sich im Netz verfangen haben.«

»Was tut man wohl mit denen, die man gefangen hat?« Ich konnte mir überhaupt nicht vorstellen, was die Deutschen mit den ganzen Gefangenen anfangen wollten.

»Hast du ›Mein Kampf‹ gelesen?«

»Nein.«

»Na – er will sie einfach alle totschlagen.«

»Das kann doch keiner schaffen.«

»Der Mensch kann alles. Du wirst staunen, wenn du eines Tages verstehst, was menschliche Gemeinheit auszurichten vermag.«

Tatsächlich war ich später erstaunt über die menschliche Gemeinheit. Aber verstanden habe ich es nie.

Es hörte sich an, als ob die Passagiere unseres Kutters dreister geworden seien. Es ging auf vier Uhr morgens zu, wir lagen noch und ließen uns treiben. Auf Deck konnte man Schritte und gedämpftes Gespräch hören. Ein Atemzug frische Luft und eine Zigarette – obwohl es hieß, daß der dänische Tabak grausam schmeckte – beruhigte wohl die Nerven. Abgesehen von dem runden Ungeheuer, das unerschütterlich an der Seite des Schiffes dümpelte, schien keine unmittelbare Gefahr zu bestehen.

Ich hatte lange Zeit auf dem Rücken gelegen und konnte mich nicht umdrehen, obwohl ich gerne gewollt hätte. Meine Augen brannten vor Müdigkeit, aber ich konnte nicht schlafen. Je mehr ich es versuchte, desto weniger ging es. Ich fror an der Seite, an der er zuvor gelegen hatte. Er stieg an Deck, um zu sehen, was los war. Der andere junge Mann, dessen Namen ich nie erfuhr, schlief fest.

Wären wir orthodox gewesen, hätten wir an diesem Wochenende fasten müssen. Es war Jom-Kippur, der große Versöhnungstag. Da ich als kleines Kind gesehen hatte, wie hart das Fasten meine Mutter ankam, habe ich immer Abstand davon genommen. Ich kannte auch einige Leute, die diesen Feiertag einhielten und deswegen keineswegs bessere Menschen wurden. Niemand vertiefte sich übrigens in Gebete, was eigentlich der Sinn der Sache war; niemand bereute seine Fehler, die er im Laufe des Jahres gemacht hatte; alle dachten nur daran, wann die vierundzwanzig Stunden vorbei wären, damit sie sich anschließend über ein wahres Festmahl hermachen konnten. Wenn man sich zwingt, einen Tag lang nichts zu essen, dann denkt man die ganze Zeit an nichts anderes. Es kann doch nicht sinnvoll sein, sich selbst zu kasteien, um religiöse Vertiefung zu erreichen! In dieser Nacht fastete ich unfreiwillig, und ich bin fast sicher, daß das nirgendwo registriert wurde. In den Konzentrationslagern mußten viele unfreiwillig fasten und schließlich verhungern.

Ich wurde mir darüber klar, daß ich in religiöser Hinsicht niemals meinen Vorvätern folgen könnte. Trotzdem wußte ich, daß ich, wenn ich überlebte, immer voller Dankbarkeit an diesen besonderen Versöhnungstag zurückdenken würde.

In dieser frühen Morgenstunde lag ich in diesem Schiff und verhandelte mit dem lieben Gott. Wenn er uns rettete, würde ich in aller Zukunft versuchen, so wenig Sünden wie möglich zu begehen. Nach bestem Vermögen, fügte ich hinzu – das war ein dehnbarer Begriff! Auf diese Art versprach man nicht zu viel, denn das Vermögen war ja zu jeder Zeit von den äußeren Umständen abhängig.

Während ich an die Zukunft dachte, wußte ich, hatte ich Heimweh nach der Wohnung in der Rygård-Allee, nach der Øregård-Schule, nach meinen Pfadfinder-Kameraden, nach Thor, der mit mir Latein studierte und zum großen Ärgernis meiner Mutter oft in kurzen Hosen neben mir auf dem Sofa saß. »Mit nackten Knien, der lange Kerl!« sagte sie aufgebracht. Ich konnte überhaupt nicht verstehen, warum sie sich darüber aufregte. Er war sehr tüchtig in Latein und hatte das Hauptverdienst an meiner Note beim Examen. Er war auch ein guter Klavierspieler und hatte viel mit meinem Bruder zusammen musiziert. Leo Mathiesens Melodien – wir hatten es richtig herrlich. Überhaupt hatten wir es immer herrlich, trotz Roggenbrot ohne Butter mit allzu flüssigem Apfelgelee. Wie würde es jetzt werden? Wenn überhaupt noch irgendwas irgendwie wurde?

Der Blonde kam wieder runter zu mir. Er war so groß, daß er auf allen Vieren kriechen mußte, um in den Raum zu gelangen. Kurz danach wurde der Motor gestartet. Ich bemerkte, daß es wieder etwas wärmer wurde, nachdem der Motor eine Zeitlang gelaufen war. Zu diesem Zeitpunkt war mir durch und durch eiskalt. Meine Finger waren steif und klamm. Er wärmte sie mit seinen Händen. Ich konnte nicht begreifen, wie er es anstellte, daß er warm blieb. Aber er hatte sich wohl da oben in der herbstkalten Nachtluft bewegt, die klar und rein war.

»Es kam eine Unterströmung. Mit der ist die Mine achteraus getrieben«, erklärte er. »Dann hat der Schiffer beschlossen loszufahren. Jetzt kann nichts mehr passieren. In zwei Stunden sind wir über der Dreimeilengrenze. Dort können uns die Deutschen nichts mehr tun, selbst wenn sie wollten.«

»Wie kann man die Dreimeilengrenze im Wasser feststellen?« fragte ich dumm.

»Man hat dafür Seekarten. Jedes Land hat seine nationalen Fahrwassergrenzen drei Meilen vor der Küste. Wenn wir über diesen Punkt hinaus sind, sind wir in schwedischen Hoheitsgewässern, also in Schweden.«

»So schnell? In zwei Stunden?«

»Knapp zwei Stunden.«

»Was machst du dann?«

»Ich muß weiter nach Göteborg. Dort soll ich jemanden treffen. Und dann wieder nach Hause mit Instruktionen.«

»Das ist aber ein Umweg.«

»An diesem Abend war es die einzige Möglichkeit, hinüber zu kommen.«

»Woher wußtest du das?«

»Es ist ja alles geplant. Übrigens sind wir bald fertig mit diesen Transporten. Es wird auch höchste Zeit. Es kann unmöglich noch lange gut gehen.«

»Wie viele sind hinübergekommen?«

»Ich weiß es nicht. Viele Tausend. Aber für einige ist es auch schief gegangen. Einige Boote sind gesunken, weil sie auf Minen gestoßen sind. Einige wurden versehentlich von schwedischen Schiffen beschossen. Andere wurden erwischt, bevor sie überhaupt in See stachen. Leider wurde ein größerer Transport vor einer Woche verraten.«

»Was geschieht mit denen?«

»Vorläufig werden sie gefangen genommen. Erst kommen sie in ein Lager, dann vielleicht ins Vestre-Gefängnis. Von dort nach Deutschland. Man braucht nicht viel Phantasie, um sich vorzustellen, was dort geschieht.«

»Wissen die Deutschen nichts von diesen Transporten nach Schweden?«

»Sie müssen es wohl wissen. Einige bekommen ja Geld, damit sie den Mund halten. Viel Geld.«

»Wird das Geld, das meine Mutter abgegeben hat, dafür verwendet?«

114

»Unter anderem. Die Schiffer müssen für ihr Risiko natürlich auch etwas bekommen. Sie riskieren ihr Fahrzeug und ihre Gesundheit, um nicht zu sagen, ihr Leben, wenn etwas schief geht.«

»Ja, selbstverständlich.« Ich konnte durch den Spalt eine rechte Schulter, einen Arm und etwas von einem Hinterkopf sehen – das war der Schiffer. Er riskierte viel für uns. Warum tat er das? Aus Menschenliebe? Aus Haß auf die Deutschen? Aus Heldenmut oder Hilfsbereitschaft? Er tat es wohl einfach, weil alles andere nicht anständig wäre. Er wirkte selbstsicher, ruhig und einfach. Er war nicht damit einverstanden, daß man Gewalttaten gegen Unschuldige verübte. Deshalb tat er es. Und all die anderen. Er war gegen Mord, aber er fürchtete auch den Tod nicht. Er wußte ja, daß der ihm hier draußen begegnen konnte. Er wirkte ganz. Ein ganzer Mann, der keine Furcht kannte, auch keine Furcht davor, wie ein Mensch zu handeln.

Ich fühlte plötzlich, wie mich eine überwältigende Welle der Dankbarkeit für diesen namenlosen Mann durchströmte. Und für all die Namenlosen, deren Hände sich ausstreckten, um mich und meine Angehörigen und die Angehörigen meines Volkes, die in Dänemark wohnten, in Sicherheit und Freiheit zu bringen. Mein Volk! dachte ich und fühlte, daß ich ein Verräter war, weil ich nicht mit ihm gelitten und mich nicht mit ihm identifiziert hatte. Ich hatte längst einen solchen Grad an Assimilation in Dänemark erreicht, daß ich mich als Dänin fühlte, ohne zu wissen, ob die Dänen das für recht und wünschenswert hielten. Aber das war es, was ich sein wollte. Ich wollte nicht anders sein, nicht abgesondert. Unbewußt wollte ich gerne so unauffällig wie möglich sein, und es tat mir all diese Jahre hindurch weh, daß meine Mutter lieber deutsch als dänisch sprach. Wie unbillig, von ihr zu verlangen, daß sie ihre Muttersprache aufgeben sollte, damit ich in Frieden im Dänentum absorbiert leben konnte. Diejenigen, die als Dänen geboren sind, wissen das nicht zu würdigen. Diejenigen, die mit sechs Wochen getauft werden, wissen die anonyme Gemeinschaft nicht zu würdigen. Diejenigen, die anders sind, sehnen sich danach, nicht anders zu sein. Eine Verwirrung und eine seelische Belastung, eine Schwierigkeit, gleichzeitig seinem verfolgten Volk treu zu bleiben und diesem Volk dennoch nicht angehören zu wollen. Wie sollte man vermeiden, zerrissen und leicht verrückt zu werden? Ich fühlte mich verwirrt, verrückt, benommen, dankbar und vom Wunsch beseelt, einmal anderen Menschen in ähnlicher Lage helfen zu dürfen. Obwohl ich mir bei aller Phantasie nichts Vergleichbares vorstellen konnte.

Einfach dasein zu dürfen, unangetastet zu leben, unbemerkt, unverfolgt – wer von denen, die nicht angetastet, bemerkt und verfolgt worden sind, kennt solche Wünsche.

Der Widersinn des Lebens und die vielen dummen Fragen, die doch keiner beantworten kann. Und die Kälte der Herbstnacht, die als ständige Qual in meiner Seite saß. Und mein verbissener Wunsch, still zu sein und nicht zu klagen. Worüber sollte ich mich beklagen? Wer tat mir etwas zu Leide? Niemand tat mir etwas zu Leide. Höchstens ein bißchen Kälte und Hunger. An meiner Seite lag ein Mann, den zu lieben ich bereit war, wenn das unter diesen Umständen möglich gewesen wäre. Es war so neu für mich, ein Verlangen zu fühlen. Ein Verlangen haben und ein Verlangen zum Ausdruck bringen – zwei Phasen, himmelweit voneinander entfernt.

Eine Nacht ging zu Ende, anders als alle anderen Nächte. Aber nicht so anders als andere Fluchtnächte, in die Menschen ihre Mitmenschen hineintreiben.

Es war sieben Minuten vor sechs, als der Motor zum dritten Mal aussetzte…

WARUM IST DIESER TAG ANDERS ALS ALLE ANDEREN TAGE?

Wir konnten es nicht richtig fassen, wir hatten nicht einmal Zeit, Angst zu bekommen, weil der Motor wieder stand, als die Neuigkeit von einem zum andern sprang wie ein Ball oder ein Echo, das sich im begrenzten Raum selbst am Leben hält: *Wir sind über der Dreimeilen-Grenze! Wir sind in Schweden! Frei! Gerettet!*

Trotz der Müdigkeit begannen unsere Herzen fieberhaft zu pochen. Dieses Mal vor Bewegung und Glück. Wenn mich heute jemand fragt, was ich unter Glück verstehe, muß ich immer an jenen Morgen denken, an diesen einen Satz: Wir sind über der Dreimeilen-Grenze. Was dieser Satz doch alles umfaßt: Erleichterung! Glück! Leben!

»Komm«, sagte der große Blonde zu mir. Er war schon auf dem Weg zum Ausgang.

Mir war nicht ganz wohl. Mein Rücken war steif vor Kälte, feuchtem Mörtel und Steinen, die unter mir und um mich herum gewesen waren. Aber ich krümmte mich zusammen, es gelang mir, mich umzudrehen. Ich kroch hinter ihm her zur Luke, wo ich aufstand, indem ich mich an die Bordwand stützte. Seitwärts ging ich vorsichtig an der schmalen Stelle vorbei, wo der Motor war und dachte ängstlich daran, was geschehen würde, wenn der Motor plötzlich zu laufen begänne und mein Kleid da hinein geriete.

117

Der Blonde reichte mir die Hand und half mir hinaus. Es war Morgengrauen, ganz leicht diesig. Ein Vorhang aus Feuchtigkeit um das Boot herum. Das Wasser tiefgrau und dunkler als die Luft. Das Licht riß sich sichtbar von der Dunkelheit los, die Nacht wurde zum Tag. Und wir waren Zeuge dieses Vorgangs.

Das Schiff war nicht besonders groß. Vielleicht vierzehn Meter lang und vier, fünf Meter breit. Die sechzehn blinden Passagiere kamen alle, bis auf die beiden Säuglinge, an Deck. Ich sah meine Mutter, meine Schwester und meinen Bruder wieder. Sie waren bleich und sahen schrecklich aus. Ich selbst sicher auch. Niemand hatte sich frisch gemacht, niemand dachte an sein Äußeres. Die Männer waren unrasiert.

Das Wiedersehen war wortlos. Wir waren in Sicherheit, und das Erlebnis war zu groß für Worte. Ich fühlte einen unwiderstehlichen Drang zu weinen. Oder mich ins Wasser zu werfen. Oder etwas anderes Unsinniges zu tun, um die bedrückende Sinnesbewegung zu mildern, die uns alle zu lähmen schien, uns stumm machte.

Das Schiff lag mit der Breitseite nach Schweden gewandt. Der Schiffer meinte, daß wir alle gleichzeitig die friedliche Küste sehen sollten. Sie lag nicht weit von uns im Dunst, zum Greifen nahe. Aber in Wirklichkeit war es noch ein ganz schöner Abstand: drei Meilen.

Wir standen in unordentlicher Reihe, ziemlich jämmerlich, ziemlich elend. Als ob wir keine Nacht, sondern jahrelang auf der Flucht gewesen wären. Ohne Essen und Trinken. Ohne Seife und Kamm. Schon jetzt von Heimweh und Trauer gezeichnet über das, was wir unwiederbringlich verloren hatten. Aber wir lebten. Die nazistische Todesmaschine konnte uns nichts mehr anhaben. Und unsere äußere Verkommenheit würde schnell vorübergehen.

Plötzlich begann jemand die dänische Nationalhymne zu singen. Zuerst zaghaft in dem grauen, klammen Morgen:

»Es ist ein schönes Land,
Das steht mit breiten Buchen
Am weiten Meeresstrand.
Es steht mit Tälern, Hügeln stark,
Einst war es Freias Heimat,
Und das heißt Dänemark.

Das Land, es ist noch schön,
Denn blau die Belte schimmern,
Grün Buchen auf den Höhn.
Und tapfre Männer, edle Frau'n
Bewohnen unsre Inseln,
Gar herrlich anzuschaun.«

Mehr und mehr stimmten ein. Alle in der Reihe wandten
sich um. Wir standen mit dem Gesicht zu dem Land, das
hinter uns verschwunden war, dem Land mit unseren Freunden, die uns geholfen hatten, dem Land mit den Spuren
unseres Schicksals. Wir dachten an all das, was wir liebten und
typisch dänisch nannten, ohne zu wissen, was wir eigentlich
damit meinten. Wir dachten an das besetzte Land, in das wir
eines Tages zurückkehren würden, denn wir hatten unsere
Wurzeln in seiner Erde zurückgelassen.

Dann wurde die schwedische Nationalhymne gesungen:

»Du altes, du freies, du berghohes Land,
Du stiller, du freundenreicher Norden!
Mit grünenden Wiesen und felsigem Strand,
Bist mir das liebste Land der Welt geworden.«

Vom Schiff flog ein Dank voraus an die Küste, die uns
aufnehmen wollte.

Ich habe nie verstanden, wie Menschen in großen Augen-
blicken auch nur einen Ton hervorbringen, wie man bei
Hochzeiten und Begräbnissen singen kann. Für mich ist der

Gesang innerlich, er kann sich nicht befreien und an all den Gefühlen vorbeikommen, die sich in meinem Magen und meinem Herzen ballen und meine Kehle zuschnüren. Auch in dieser Morgenstunde, die wie in Grundtvigs Psalm aus dem Meer zu uns heraufstieg und mit Recht eine wonnevolle genannt werden kann, habe ich keinen Laut hervorgebracht.

Statt dessen füllten sich meine Augen mit Tränen. Ich wußte, daß ich niemals, solange ich lebte, auch nur eine einzige Einzelheit dieses hereinbrechenden Morgens vergessen würde.

Die bleichen Gesichter. Die Münder, die durch den Gesang die Gefühle der Geretteten verkündeten. Der Schiffer in seinem groben Pullover aus Maximalwolle, mit seiner Pfeife und seinen freundlichen Augen. Seinen Namen haben wir nie erfahren. Das graue Fahrzeug, eigentlich breit gebaut und häßlich, das die ganze Nacht in der Ostsee trieb. Wie konnte eine so kurze Tour derart in die Länge gezogen werden? Das konnte nur der Schiffer beantworten. Der hohe Aufbau achtern, wo einige vielleicht friedlich die ganze Nacht verschlafen hatten. Das Schutzhaus über dem Ballastraum, wo der Schiffer gestanden hatte, und unter dessen Füßen wir viele Stunden im Dunkeln und in Ungewißheit gelegen hatten. Der graue, graue Morgen, der im Osten heraufzog und die Nacht nach Westen drängte. Und der Klang der Lieder, der wie eine Fahne vom Schiff flatterte, getragen von heiseren Seevögeln, die die merkwürdigen Fahrzeuge der Menschen auf der Jagd nach Beute umkreisten.

Die Dreimeilengrenze war nicht, wie ich mir einmal vorgestellt hatte, mit Pfählen abgesteckt, die aus dem Wasser ragten. Aber an dieser Stelle wurde sie dennoch so konkret von einer Freude ohnegleichen markiert.

Tausend Gedanken schwirrten durch mein Hirn in diesen Minuten, die wie eine Morgenandacht waren. Gedanken, die Versprechen an mich selbst und an einen Gott beinhalteten, den ich noch nicht gefunden hatte und an den zu glauben ich noch nicht gelernt hatte. Hoffnung auf ein Leben in Frieden, auf Glauben an den Menschen. Nach diesem Erlebnis mußte ich an die Menschen glauben, die anderen helfen. Wie sollte ich zweifeln, wenn mir selbst gerade viele unbekannte Hände entgegengestreckt wurden, um mich in Sicherheit zu bringen? Und wenn mir viele unbekannte Hände gereicht werden, die mir ein Weiterleben ermöglichen.

Einige wollten morden, andere wollten Not lindern. Die Frage war: Wo wirst du selbst eines Tages stehen? Von welcher Sorte gibt es am meisten? Wo liegt der tiefere Sinn deines Überlebens? Warum mußten so viele, die viel besser sind als du, untergehen?

Die Lieder klangen um mich hin, der Seegang schlug Wellen, der Dunst, die schwedische Küste und die Fragen des Lebens verschmolzen zu einem kosmischen Seegang, Seegesang. Ich bemerkte nicht mal, daß der Motor wieder sein wunderbares »Tong, Tong, Tong« erklingen ließ. Wir hielten auf Trälleborg zu.

Trotz der frühen Morgenstunde war der Hafen voll von Menschen. Zivilisten und Uniformierte standen am Kai und auf den Molen. Das waren die großen Stunden des Empfangs. Die Flüchtlinge aus Dänemark sollten an Land.

Die Stimmung unter uns war unbeschreiblich. Alle erzählten einander alles über ihre Erlebnisse bis zum Vorabend. Diskutierten über den Krieg und sein baldiges Ende. Stalingrad. Die teuflischen Nazis verzweifelt wegen ihrer Niederlage. Das prachtvolle Dänemark. Gottseidank, daß es ein ebensolcher Ort war, wo man landete. Ungewißheit über das Schicksal von Verwandten. Wie viele waren gerettet, deportiert oder zurückgeblieben? Es gab noch viele ungelöste Fragen. Die Furcht um das eigene Leben wurde abgelöst von der Furcht um die anderen. Verräterisches Glück hatte man gehabt, daß man in Sicherheit gebracht wurde. War es denn fair und loyal, das Schicksal nicht mit den Unglücklichen zu teilen? Wir können mehr für sie tun, wenn wir weiterleben. Wir können nicht alle sterben. Einige müssen wohl überleben.

Was soll man in Schweden anstellen? Manche werden zur Holzarbeit hinauf in die Wälder geschickt, die jungen, die starken. Aber unter den Flüchtlingen waren nicht so viele junge, starke. Es gab viel mehr ganz junge, noch nicht so starke sowie viele alte, nicht mehr starke. Es war ja nicht das erste Mal, daß diese Generationen dezimiert wurden. Einige hatten etwas Geld in Schweden. Mein Großvater, prophetisch wie er war, hatte meiner Mutter vor dem Krieg einmal einen Vorschuß auf die Erbschaft gegeben und das Geld in Schweden angelegt. »Man kann nie wissen, ob du das nicht eines Tages brauchen kannst«, hatte er gesagt. Er war vor drei Jahren geflüchtet. Seit drei Jahren war er tot. Aber er hatte uns durch seine Voraussicht abgesichert. Andere hatten Verwandte in Schweden, die aus anderen europäischen Ländern schon vor dem Krieg geflüchtet waren. Menschen, die sich nicht von blindem Optimismus hatten leiten lassen. Manche waren rechtzeitig geflohen. Wieder andere waren Akademiker und Forscher, die wußten, daß sie mit ihren Arbeiten an schwedischen Universitäten weiter kommen konnten.

Schweden war ein neutrales Land. Dort hatte seit mehr als hundert Jahren Frieden geherrscht. Es gab keine Verdunkelung. In den Kinos liefen amerikanische Filme. Aber die Rationierung gab es auch dort. Lebten nicht auch viele Antisemiten in Schweden? Wo gab es die nicht? Gab es nicht sogar unter unseren eigenen Leuten Antisemiten? Wo wohnen die Menschen ohne Fehl? Aber ganz übel konnte es nicht sein, da man uns mit ausgestreckten Händen entgegenkam.

Es wurde geredet und gestikuliert, als ob die sieben schweigsamen Stunden der Nacht mit Wörtern über Wörtern wettgemacht werden sollten. Als ob Wörter über die durchstandene namenlose Angst, die nicht ohne weiteres aus allen Winkeln des Hirns verjagt werden konnte, hinwegtäuschen könnten.

Der graue, plumpe Kutter legte an der innersten Mole zwischen Yachten und anderen Kuttern an. Bis zum Quai war es hoch, aber Polizeibeamte standen mit hilfreichen Händen bereit, uns hinaufzuziehen und unsere kleinen Bündel entgegenzunehmen, unsere lächerlichen Habseligkeiten, die man ebensogut hätte wegwerfen können: Geigenkasten, Zeugnisheft, Döschen mit Hautcreme und zur Sicherheit ein Gebetbuch; oder eine Mappe mit persönlichen Papieren, ein Rasiermesser und eine Zahnbürste; oder ein Bild einer geliebten Person, die die Tour nicht mitzumachen brauchte. Hier – das sind meine Kinder, die sind nur Halbjuden, die haben wir in Skørping bei ihren Feriengastgebern untergebracht. Die sind ganz hellhaarig, wie ihre Mutter.

So kamen wir an Land, betraten schwedischen Boden und bekamen festen Grund unter die Füße. Aber der feste Grund war noch in Bewegung, schaukelte und wiegte wie das Meer, das uns hier herübergetragen hatte.

In der Verwirrung kam ich nicht dazu, mich von meinem blonden Freund zu verabschieden. Er hatte erst neben mir auf der Mole gestanden, während wir warteten, um zu erfahren, was wir nun tun sollten.

Wer drückte dem Schiffer die Hand und dankte ihm in unser aller Namen? Wer hat ihm einen Verdienstorden für unerschrockenen Einsatz verliehen? Für unerschütterlichen Mut und zielbewußte Tatkraft, selbst als eine Mine, mit der es kein Verhandeln gab, sein Boot bedrohte?

Zu Hunderten saßen die Flüchtlinge in der Polizeiwache von Trälleborg. Sie warteten. Daß sie drankämen. Alle warteten und dachten: Was nun? Wir saßen auf langen Holzbänken oder liefen hin und her. Es summte von Gerüchten.

Eine Dame im Rollstuhl war gerade an Land gehievt worden. Es stellte sich heraus, daß sie eine der Bridgedamen meiner Mutter war. Wie sie die Tour überstanden hatte, war allen unbegreiflich. Wieviel Arbeit und Hilfsbereitschaft für ihre Rettung nötig waren, konnten wir uns dagegen sehr gut vorstellen.

Ein großer, dunkelhaariger, magerer Mann stand in der Halle und weinte. Seine Frau und ihr zwei Monate alter Sohn waren vor seinen Augen ertrunken. Ihr Boot war gesunken, weil sich irrtümlich ein Torpedo von einem schwedischen Vorpostenboot gelöst und sie versenkt hatte. Die meisten Passagiere waren ertrunken. Nur fünf wurden an Bord des schwedischen Schiffes genommen.

Es gab Wiedersehens-Szenen. Und viele zerstörte Hoffnungen. Es waren auch viele Dänen mit herübergekommen, die wegen ihrer Rolle in der Widerstandsbewegung nicht bleiben durften.

Ein Tag, ganz anders als alle anderen Tage. Kein Tag mehr voller Angst, sein Leben zu verlieren. Wie die Morgenstunde die Nacht in ihre Schranken verwies und zum Tag wurde, so hatte das Leben den Tod in seine Schranken gewiesen. Und Dänemark die Deutschen und ihre Büttel.

Endlich kamen wir an die Reihe. Wir hatten gehört, daß die meisten Flüchtlinge in einem provisorischen Schlafsaal in einer Tennishalle übernachten sollten. Mutter fühlte sich nicht wohl. Mein Bruder auch nicht. Während Mutter in der Schlange stand, lief ich die Straßen rauf und runter, bis ich endlich das kleine Hotel »Cecil« fand, wo wir ein winziges Zimmer für uns alle vier bekommen konnten. Gegen Bezahlung natürlich. Obwohl wir kein Geld dabei hatten, würde Mutter doch bezahlen können. Dank sei Großvaters Voraussicht!

Als wir später in diesem engen Hotelzimmer zur Ruhe kamen, schenkte das Zimmermädchen meinem Bruder ein Ei aus ihrer schmalen Lebensmittelration. Er hatte starke Magenschmerzen. Meine Mutter verordnete, daß er nur ein weiches Ei essen dürfte. Das gutherzige Mädchen bot sofort an, was sie besaß.

Aber das war erst viel später. Zunächst mußten wir durch die Registrierungsprozedur. Als ich dran kam, wollte der Beamte meinen Namen und mein Alter wissen.

Haarfarbe – dunkelblond.

Augen – grau.

Größe – 1,59 m.

Gewicht 50 kg.

Nationalität: »Sie sind wohl Dänisch?«

»Nein. Staatenlos.«

»Ja so.«

Er war jung und lächelte die ganze Zeit und sagte im singenden Tonfall von Schonen dauernd ja so. Es besteht ein großer Unterschied zwischen der Version dieses bedeutungsvollen Wortes in Schonen und in Stockholm. .

»Beruf?«

»Schülerin.«

»Besondere Kennzeichen?«

Ich schüttelte den Kopf.

»Alle Finger noch dran?«

Ich sah meine Hände an. Zehn Finger. »Sonst könnte ich ja nicht zählen«, erklärte ich ihm.

Er lächelte.

»Haben sie Lust, mit mir heute Abend ins Kino zu gehen?« fragte er völlig unvermittelt.

»Ja, danke«, sagte ich im gleichen Tonfall.

Wir erhielten Interims-Pässe, wir waren wieder identifizierbar. Nur unsere eigenen, nicht die von Hitler aufgezwungenen Namen standen in den neuen Papieren.

Er hatte einen Kollegen, der freundliche Grenzpolizist, und noch am gleichen Abend gingen wir ins Kino. Wir sahen einen schwedischen Film mit Georg Fant in der Hauptrolle. Ich liebte Georg Fant. Ich hatte ihn mehrmals in Nørreport bei den

Kinovorführungen im »Landevejskroen« gesehen. Meine Schwester wurde von dem Kollegen eingeladen.

An den Film kann ich mich nicht mehr erinnern. Nur an das Unfaßliche, daß jemand mit uns ins Kino gehen wollte, so wie wir aussahen. Und obwohl wir nichts mehr besaßen, nirgendwo wohnten, niemand waren – wurzellos waren.

Teenager übertragen ihre Verliebtheit gerne vom Leinwandhelden auf denjenigen, der auf den Zuschauerrängen ihre Hand hält. Ich liebte es, daß jemand meine Hand hielt. Das bedeutete Leben. Überleben. Eines Tages würde ich aus meinem Überleben etwas machen. Nach besten Kräften.

In diesem Augenblick hatte sich das Leben angeboten. Und ich nahm es entgegen. Dankbar. Als das Geschenk, das es immer bedeutet.

INHALT

127

Ralph Giordano (Hrsg.)
Deutschland und Israel:
Solidarität in der Bewährung
Bilanz und Perspektive
der deutsch-israelischen Beziehungen.
280 Seiten. Paperback. (2. Auflage)
ISBN 3-88350-029-1

Seit dem Golfkrieg ist Israel noch stärker in den Brenn-
punkt des Weltgeschehens getreten. Vor diesem Hintergrund kommt den Beziehungen zwischen Deutschland
und Israel erhöhte Bedeutung zu.
Zahlreiche seit Jahren in der deutsch-israelischen Ver-
ständigung engagierte Autoren analysieren das weitge-
fächerte Spektrum dieser durch die Last der Geschichte
einmaligen und besonders sensiblen Beziehungen und
plädieren für eine eindeutige Unterstützung der Lebens-
interessen des jüdischen Staates.
Hier wird ein aktuelles und doch fundiertes Sachbuch zu
einem Thema von hoher politischer und moralischer
Bedeutung vorgelegt – eine wichtige Lektüre für alle an
deutscher Politik und an Israel Interessierten.

Die Autoren:
Inge Deutschkron, Lily Eylon, Ralph Giordano,
Willy Guggenheim, Hildegard Hamm-Brücher, Niels
Hansen, Martin Kloke, Heiner Lichtenstein, Yohanan
Meroz, Hildegard Radhauer, Martin Stöhr, Konrad Weiß,
Heinz Westphal und andere.

Bleicher
70826 Gerlingen **Verlag**